Une enquêtrice à l'ONU

Agnès Callamard
avec Alexandre Duyck

Une enquêtrice à l'ONU

Flammarion

ISBN : 978-2-0804-2090-9

Prologue

Je n'entretiens pas de relation particulière avec la mort.

Je vis avec mes morts et ce qu'ils symbolisent. Ces personnes que je n'ai jamais connues et dont je suis pourtant devenue proche. J'imagine comment leur fin s'est déroulée. Comment elles ont été traitées dans ce dernier moment. Les morts dont je parle ne sont jamais douces. Elles sont violentes, souvent programmées. À quoi ont-ils pensé, ces femmes et ces hommes sur le point de mourir ? Ont-ils tenté d'argumenter avec les meurtriers ? De négocier pour avoir la vie sauve ? Les ont-ils implorés ? Je sais les mots que Jamal Khashoggi a prononcés face à ces horribles meurtriers venus le découper en morceaux, avec pour seule défense son sens de la justice et son stylo de journaliste. Alexeï Navalny a partagé les sensations et sentiments qui l'ont traversé alors qu'il se sentait mourir, dans l'avion, quand le poison a commencé à faire effet. Les morts brutales sur lesquelles j'ai enquêté demandent à être expliquées, analysées, pensées, preuve par preuve. Mais les morts parlent. Ils partagent non seulement leurs derniers moments, mais aussi leurs histoires, leurs familles, leurs rêves avortés, les injustices auxquelles ils ont été confrontés.

Je ne pense pas pour autant être traumatisée par toutes ces morts qui m'accompagnent dans mon travail et dans une grande partie de ma vie, ou du moins pas trop. Ayant perdu des membres de ma famille, et des amis, j'ai fait l'expérience du chagrin, je connais le deuil et son apprentissage douloureux. Les personnes que j'ai perdues continuent de me manquer, profondément, des années après leur décès. Les morts qui échelonnent ma vie professionnelle, des personnes que je n'ai pas connues de leur vivant, me touchent à un autre niveau, d'une autre façon. Finalement, ce sont les vivants, ceux qui aimaient ces morts et que j'entends parler d'eux, qui me hantent. Dont je me rappelle, pour lesquels je me demande : ai-je suffisamment agi pour eux ?

Comme au Nigeria, en novembre 2019. J'ai sous les yeux une photo : une petite fille et sa grand-mère. Il n'y a que du désespoir dans leurs regards, même dans celui de cette enfant de 2 ans. Cette dame est venue vers moi lors de mon voyage pour me parler de la mort de sa fille, du fait qu'elle a recueilli sa petite-fille qui a eu la vie sauve parce que sa mère, quand elle s'est fait tirer dessus, s'est écroulée sur elle. Il y a des gens qui ne se remettent jamais d'un deuil. J'aimerais me dire que cette petite fille s'en remettra un jour, aidée par sa grand-mère. Mais, quand je regarde cette photo, leur regard me revient en mémoire.

Les vivants qui cherchent des réponses et la justice, qui viennent vous voir avec leur petite photo et leurs souvenirs, qui évoquent les disparus, qui ne disposent plus d'aucun revenu… Ces gens me hantent encore plus que les morts.

Je m'appelle Agnès Callamard et, pendant cinq ans, de 2016 à 2021, j'ai été rapporteuse spéciale du Conseil des droits de l'Homme des Nations unies sur les exécutions extrajudiciaires, sommaires ou arbitraires. Je suis l'une des porte-voix de celles et ceux qui ont souffert. Je me bats contre les dictatures, les oppressions, les exactions.

Chapitre 1

« Trop mauvais pour mon âme »

Je ne suis pas experte en étranglement de personnes.

Le son que j'entends ce jour-là, dont on me dit qu'il est l'enregistrement de l'assassinat de Jamal Khashoggi, est-ce bien celui de quelqu'un en train d'être étranglé ou asphyxié ? Il semblerait ; mais comment en être certaine à 100 % ?

Je dois pourtant l'être. Il m'est difficile de le déterminer avec certitude, mais je pourrais demander à des spécialistes. Je pourrais dans un premier temps me tourner vers des agents du renseignement, des agents secrets. Il en existe partout, notamment ici, en Turquie, où je me trouve. Mais je vais éviter de les solliciter ; je sais qu'ils ne seront pas objectifs, ou pire, qu'ils vont chercher à me manipuler. Quant aux Américains, ils refusent de me rencontrer. D'autres acceptent, mais ne m'apprennent rien. D'autres enfin vont bien vouloir m'aider, m'expliquant ce qu'ils ont entendu. Et ils vont confirmer mes craintes. Cette scène, ces sons étouffés, cette lutte qu'on devine correspondent hélas parfaitement à une scène d'étranglement, à l'assassinat d'un homme.

Celui du journaliste saoudien Jamal Khashoggi.

Ma mission, désormais, sera d'obtenir justice pour lui et les siens.

« L'indignation, c'est l'étincelle »

Hiver 2019.

C'est le matin, il est tôt. Nous sommes à Ankara, capitale de la Turquie. Le dernier jour de ma première mission dans le pays. Une longue route nous a conduits, mon équipe et moi, en haut d'une colline où se trouve un château très impressionnant. Nous pénétrons en son cœur. Nous ne sommes pas n'importe où, encore moins dans un lieu touristique : l'édifice héberge le siège des services de renseignement turcs. Le directeur nous reçoit et nous invite à entrer. Mais avant de pénétrer dans son bureau, nous devons abandonner nos téléphones et nos ordinateurs à son secrétaire ; ils craignent que nous enregistrions ce qui va suivre. Pas de souci pour moi, même si j'aurais préféré laisser les appareils dans la voiture ; je sais à quel point un téléphone portable est facilement piratable et peut renseigner sur nous n'importe quand et n'importe où sans que nous nous en doutions un seul instant. Jamais trop prudente, lors de mon enquête sur Jamal, je louerai parfois un brouilleur, pour être sûre de ne pas être espionnée.

Nous pénétrons dans une grande pièce située au rez-de-chaussée. Nous sommes fouillés. Le directeur des services de renseignement nous y attend et nous explique, dans un anglais impeccable, ce que nous allons entendre. Lui ne restera pas. Je me souviens de ses mots, « *I'm not gonna stay, it's bad for my soul* », que l'on peut traduire par : « Je ne vais pas rester, c'est trop mauvais pour mon âme. » Ce que nous allons écouter sont les enregistrements secrets des dernières heures de la vie du journaliste et dissident Jamal Khashoggi, assassiné puis dépecé par les Saoudiens en octobre 2018 au sein de leur consulat turc, à Istanbul.

Pour chacune de mes missions, ma motivation première demeure l'indignation. C'est la source originelle. J'ai été indignée, littéralement scandalisée de voir que personne n'avait rien entrepris après l'ignoble assassinat de cet homme. Là encore, l'indignation fut l'étincelle. Dans un second temps, se pose toujours la question : « Qu'est-ce que je peux faire ? », à laquelle s'ajoute : « Comment puis-je faire ? » Cette dernière interrogation a largement dominé mes réflexions dans le cas de l'affaire Khashoggi, car le type d'enquête que je souhaite conduire ne l'a jamais vraiment été par les rapporteurs spéciaux. J'ai vite compris que les Nations unies n'entendaient pas s'interroger sur les circonstances de la mort de Jamal. Ce qui, à mes yeux, était incompréhensible : un journaliste, un dissident, se fait kidnapper, assassiner et découper en morceaux dans un consulat, en Turquie, et l'ONU ne cherche pas à savoir ce qu'il s'est passé ? Inconcevable pour moi.

Je l'ai d'autant mieux compris que, lorsque j'ai demandé des moyens, je ne les ai pas obtenus. Ou alors seulement une partie. En restant polie, je peux dire qu'on ne m'a pas beaucoup aidée, et c'est un euphémisme. Je n'ai même pas obtenu ce à quoi j'ai droit habituellement dans ce genre de cas : la mission que je voulais entreprendre en Turquie puis aux États-Unis aurait dû être totalement financée durant une douzaine de jours. L'hébergement, les billets d'avion, les frais courants… Or la somme que j'ai reçue ne couvrait que cinq ou six jours de dépenses pour deux personnes, plus trois jours pour moi seule à Washington. C'était totalement insuffisant. Il a donc fallu faire appel au système D et trouver des experts, des collègues, des gens prêts à travailler bénévolement parce qu'ils y croyaient, parce qu'ils ont pensé que c'était important.

Deux personnes en particulier m'ont beaucoup aidée : Bach Avezdjanov, un jeune chercheur juriste travaillant avec moi à l'université Columbia à New York, toujours à l'affût de nouvelles informations, prêt à prendre le téléphone à n'importe quelle heure pour vérifier une donnée, et Carolyn Horn, une juriste américaine très brillante qui m'a épaulée dans la rédaction de presque tous mes rapports. Bach et Carolyn m'ont énormément apporté, notamment pour le dossier Khashoggi. Je n'aurais pas pu écrire seule le compte rendu d'une centaine de pages que j'ai présenté, surtout avec le temps qui m'était imparti, à savoir cinq mois entre le début de ma recherche à la mi-janvier 2019 et le premier jet du rapport fin mai de la même année. Qu'ils en soient ici remerciés.

J'ai aussi reçu l'aide de deux cabinets d'avocats qui ont bien voulu travailler *pro bono*, comme cela se pratique couramment dans de nombreux pays anglo-saxons, sur cette enquête, en faisant des recherches et en produisant des rapports sur certains aspects du droit international et la jurisprudence. C'est en quelque sorte du donnant-donnant : ils m'aident et, ce faisant, améliorent leur pratique et leur réputation.

Le statut de rapporteur spécial est fait d'incohérences ubuesques : il faut sans cesse se débrouiller, surtout pour obtenir l'argent nécessaire pour avancer. Certains puristes considèrent que si les rapporteurs sont rémunérés, ils perdront leur indépendance, ce qui me semble totalement incohérent. J'estime que les heures de travail consacrées aux missions devraient être payées pour au moins garantir un revenu. Un rapport, ce sont plusieurs personnes à temps plein, ou presque, pendant des semaines voire des mois de travail. Mais les États membres des Nations unies le refusent, affirmant qu'il n'y a pas d'argent. Les difficultés financières font que, souvent, les rapporteurs spéciaux sont des personnes à la retraite, bénéficiant d'une pension confortable, ou bien des universitaires. Les autres ne peuvent pas. Une aberration : les États et les Nations unies se privent ainsi de certains profils très intéressants.

Personnellement, j'ai fait le choix de travailler gratuitement. Et je savais qu'en intégrant dès 2013 l'université américaine de Columbia comme professeure, je renforçais mes chances de devenir rapporteuse spéciale : les universités ont une image d'objectivité et d'impartialité, tout en offrant de la flexibilité. Columbia ne pouvait que m'aider.

« Je suis animée par la conviction profonde qu'il me faut agir »

Quand Jamal Khashoggi disparaît le 2 octobre 2018, je ne réagis pas tout de suite. Je me dis simplement : « Tiens, c'est curieux, cette histoire. » Bien sûr, je connais de nom ce journaliste et chercheur saoudien qui collabore notamment avec le *Washington Post*, s'oppose régulièrement et courageusement au régime en place en Arabie saoudite et a dû s'exiler aux États-Unis en 2017 pour éviter que ceux qui le menaçaient en permanence ne passent à l'acte. Célèbre signature de la presse saoudienne, Khashoggi « chroniquait la dérive autoritaire du dauphin saoudien dans les pages du *Washington Post* », comme l'écrivit *Le Monde*. Mais je ne suis pas son parcours de très près. À l'époque, je travaille pourtant sur l'Arabie saoudite, mais je suis plus focalisée sur la peine de mort et les nombreuses exécutions de membres de minorités, notamment les chiites.

Quand, deux ou trois jours plus tard, les journalistes en Turquie et les médias internationaux commencent à rapporter les faits, je me demande ce que les Saoudiens ont bien pu faire de lui. Avec mon collègue David Kaye, rapporteur spécial sur la liberté d'expression, nous discutons. Nous imaginons alors tous deux le même scénario : Jamal a été ramené de force en Arabie saoudite. Pendant plusieurs jours, nous espérons qu'il est toujours vivant. Mais le 20 octobre, l'Arabie saoudite finit par confirmer sa mort, survenue dix-huit jours plus tôt, le 2. Dans le *Washington Post*, avec David, nous nous adressons au secrétaire général des Nations unies, à qui nous demandons l'ouverture d'une enquête internationale. Nous sommes à la fin du mois d'octobre 2018. Pourtant rien ne se passe : les médias continuent de parler du meurtre de Jamal, mais il n'y a aucune réaction internationale, en tout cas pas au niveau des Nations unies.

Courant décembre, je prends conscience, comme d'autres, que la communauté internationale est sur le point de tourner la page. Je suis profondément troublée par l'absence de réactions effectives et formelles. Par l'inaction générale de ceux qui ont le pouvoir de faire quelque chose. Je parle ici des acteurs politiques des Nations unies, en particulier le secrétaire général, le haut-commissaire aux droits de l'Homme et son bureau. Je parle des chefs d'État et de gouvernement qui se sont déclarés horrifiés par ce crime et puis… plus rien. Tous sont prêts à tourner la page : la France, le Royaume-Uni, les États-Unis. Après les protestations d'usage, ils passent déjà à autre chose. Pour moi, c'est impossible, totalement inacceptable. Il faut démontrer qu'il existe une autre réponse que celle des politiques, des corrompus, de ceux prêts à s'asseoir sur leurs principes à la moindre occasion.

Je pars en Australie passer Noël chez mon amie Kate. Le 3 janvier au soir, je lui dis : « Je pense que je vais enquêter sur le meurtre de Jamal Khashoggi. » J'ai bien conscience des limites de mon influence et de mes capacités en tant que rapporteuse spéciale. Mais je suis animée par la conviction profonde qu'il faut agir. Je ne peux pas laisser tomber. Comment puis-je faire partie de celles et ceux qui ne bougent pas, alors que ce meurtre correspond parfaitement à l'objet de mon mandat ? Le 4 janvier, j'informe par écrit les Nations unies de ma décision. Les réactions ne se font pas attendre : « Vous pensez vraiment que c'est une bonne idée ? N'allez-vous pas sortir du cadre de votre mandat ? Pourquoi ce cas et pas un autre ? » On ne me dit pas non, mais que si je pouvais travailler sur autre chose, ce ne serait pas plus mal. On ne m'encourage pas ; au contraire, on me décourage. Personne ne peut m'interdire formellement d'agir ; le traitement des meurtres ciblés fait partie intégrante de ma charge. Il constitue même l'une des raisons essentielles pour lesquelles elle a été établie. Mais personne ne semble comprendre la gravité de ce meurtre, pas plus qu'on ne paraît prendre conscience de l'importance du rapporteur spécial dans un tel contexte. À quoi sert mon mandat si, face à une situation pareille, je reste les bras croisés ? À quoi je sers, moi ? Je dois évidemment m'engager. Quitte à faire de ce dossier une première : la première enquête menée, dans le cadre des procédures spéciales, sur un cas individuel particulier. Le cas d'un seul homme, pas d'une population ou d'un groupe d'individus.

Au vu de leurs réactions, les représentants des Nations unies au sein du bureau des droits de l'Homme à Genève sont visiblement inquiets des proportions que mon action pourrait prendre. Les fonctionnaires n'aiment pas trop les changements, les moments de radicalisation. Une enquête comme celle-ci n'a encore jamais été réalisée. À leurs yeux, s'en prendre à l'Arabie saoudite n'est pas une priorité. Mais les choses vont s'arranger : à partir de juin, je vais recevoir davantage d'intérêt et de soutien, et à la fin de mon enquête, tous finiront même par reconnaître que mon travail a permis de placer sous le feu des projecteurs celui des experts des Nations unies.

« Dressez des obstacles en travers de ma route et vous me verrez plus déterminée que jamais »

Lorsque je prends ma décision, nous savons simplement que Jamal est mort et que son corps a disparu. Mais nous ignorons tout des conditions de l'assassinat, si ce ne sont les informations que les autorités turques ont commencé à livrer. Début janvier 2019, je décide de les informer de ma décision d'enquêter afin d'obtenir l'autorisation de travailler sur leur territoire, là où les faits se sont déroulés. À l'ONU, on fait traîner les choses ; je reçois des messages m'informant de telle ou telle difficulté. Au bout d'une semaine, je suis tellement énervée par cette bataille que je menace d'envoyer moi-même le courrier aux autorités turques si le bureau des procédures spéciales du Conseil des droits de l'Homme des Nations unies ne s'en charge pas par la voie officielle, comme c'est l'usage.

La lettre enfin envoyée, commence un interminable parcours d'obstacles. On me refuse d'abord le budget inhérent à la mission. Puis la situation se débloque enfin ; en partie, du moins. J'effectue ma demande, dans laquelle je précise que je souhaite travailler avec telle personne, qui fait partie de mon équipe à Genève et qui possède toutes les compétences requises. C'est une des prérogatives de mon poste : un expert du bureau des droits de l'Homme accompagne toujours les rapporteurs spéciaux dans leur mission.

On finit par accéder à ma requête, mais en m'associant à quelqu'un d'autre que la personne que j'ai réclamée à mes côtés. Cet expert a des qualités évidentes, mais pas celles dont j'ai le plus besoin. En résumé : l'ONU rechigne à envoyer une lettre officielle au gouvernement turc pour l'informer de ma démarche et à m'accorder le budget ou le personnel nécessaire pour mener à bien ma mission. Tout semble converger vers un seul but : me mettre des bâtons bureaucratiques dans les roues pour me décourager et que je renonce.

Le souci est que, si l'on m'empêche de faire quelque chose, je peux devenir très entêtée. Dressez des obstacles en travers de ma route et vous me verrez plus déterminée que jamais. La peur, la lâcheté, l'indifférence, le manque de compréhension de ce que ce meurtre signifie me révulsent. Certains m'ont dit que ce n'était pas parce que les médias s'y intéressaient que je devais le faire à mon tour, ou encore que si je voulais travailler sur ce dossier, c'était, sans doute, pour me faire bien voir, me mettre en avant, au profit de ma propre notoriété... Toutes ces élucubrations me stimulent. Je ressens de la colère, de la frustration. De la déception envers le système onusien des droits humains. De tous ces sentiments négatifs, je décide de faire une force, un pouvoir de détermination accru. Je mènerai cette mission jusqu'à son terme, quoi qu'il en coûte.

Comme les Nations unies refusent de financer la prise en charge du déplacement de mon équipe à Washington, où travaillait et vivait Jamal, à laquelle j'ai droit, j'avance tous les frais : les miens, ceux des collègues qui m'accompagnent. Soit, au total, entre 15 000 et 20 000 dollars. Plus tard, des fondations vont en rembourser une grande partie, même si quelques dépenses resteront à ma charge.

Les autorités turques sont, elles, bien disposées à mon égard. En temps normal, obtenir une réponse à une demande de visite officielle prend des semaines, des mois... quand on obtient une réponse. Là, tout est réglé en seulement quelques jours. Du jamais-vu.

Mais ma grande préoccupation dans les deux semaines qui suivent est de m'entourer des meilleurs experts, qui apporteront de la légitimité à mon travail. Il faut que je trouve les plus compétents pour m'aider sur le terrain, et qu'ils acceptent de travailler bénévolement pour moi puisque je ne dispose d'aucun budget pour les rémunérer.

C'est la première fois que je dois monter une équipe de ce genre, apte à travailler sur les aspects criminels de ce dossier pas comme les autres. Au bout de quinze jours, je réussis à recruter les meilleurs dans leur domaine, ceux dont je n'osais espérer la présence, même dans mes rêves les plus fous. Une avocate m'avait contactée début janvier pour m'informer qu'elle souhaitait mener une enquête sur le meurtre de Jamal. Très réputée en Grande-Bretagne, membre de la Chambre des lords, Helena Kennedy est l'une des juristes phares de son cabinet d'avocats, Doughty Street Chambers, lui aussi très en vue pour ses engagements au service des droits humains. Bienvenue à bord, Helena ! Je trouve ensuite deux autres experts de premier plan : un médecin légiste portugais, Duarte Nuno Vieira, président de l'Académie internationale de médecine légale, qui a déjà conduit une enquête avec le rapporteur spécial sur la torture ; et un autre Britannique, Paul Johnston, un ancien commissaire de police, très bon technicien spécialisé dans les *cold cases*, les vieux dossiers criminels jamais résolus.

Je déniche ces perles rares grâce à un réseau de contacts et une ONG à Genève spécialisée dans l'assistance technique aux Nations unies notamment.

En quelques jours, mon équipe est en place, prête à partir. Six personnes que j'ai choisies, sauf le juriste que les Nations unies m'ont adjoint. Un interprète de l'arabe vers l'anglais, très bon et très discret, qui a toujours demandé de conserver l'anonymat, se joindra à nous pour vingt-quatre heures. Je cherche aussi dès le mois de janvier des bureaux d'expertise en enregistrements. Mon idée première est de demander ceux du meurtre de Jamal afin de les faire évaluer et authentifier par un laboratoire indépendant. J'en identifie trois qui sont prêts à travailler pour cette enquête.

« C'est là que se trouve la preuve de son assassinat »

Le 9 février 2019, nous partons pour Ankara rencontrer des membres du gouvernement, notamment les ministres des Affaires étrangères, de la Justice et de l'Intérieur, ainsi que les représentants de l'agence des Nations unies sur place. Les réunions sont courtoises, afin que ces dirigeants politiques m'ouvrent des portes. Assez rapidement, je rencontre le directeur des services de renseignement. Je sais que les Turcs ont placé des micros dans le consulat saoudien et qu'ils disposent donc des enregistrements de la mort de Jamal, que je demande à écouter. C'est là que se trouve la preuve de son assassinat. Je vais aussi demander qu'on me fournisse des copies pour que je puisse les faire authentifier par des experts, afin d'être certaine qu'il ne s'agit pas de faux. Puis direction Istanbul et la scène de crime.

Nous ne pouvons pas entrer dans le consulat, mais nous marchons autour. C'est Paul Johnston, le policier spécialiste des enquêtes criminelles, qui a insisté. Selon lui, il est impératif de se rendre sur place, voir où sont placées les caméras de surveillance, où se trouve la résidence du consul… Bref, de reconnaître les lieux, même si les Saoudiens ne nous laisseront jamais entrer à l'intérieur du bâtiment, pour visualiser au mieux la façon dont les choses ont pu se dérouler. Paul a eu mille fois raison. Retracer les pas de Jamal ; imaginer ce qu'il a vu lorsqu'il s'est approché du consulat ; se tenir là où Hatice a attendu pendant des heures son fiancé qui n'est jamais revenu. Le retour sur les lieux du crime donne une plus grande authenticité ou vérité à notre enquête. Il permet aussi de vérifier des éléments en lien avec le meurtre de Jamal, comme la distance entre le consulat et la résidence du consul, et le placement des caméras. La visite de la scène extérieure du crime permet également de comparer les vidéos que les autorités ont fait circuler avec la situation sur le terrain.

Des journalistes m'attendent sur place pour décrocher une déclaration. Je suis très sollicitée, mais je refuse toutes leurs demandes. La règle suprême des rapporteurs spéciaux veut qu'ils s'adressent en premier aux États impliqués et non aux journalistes. On envoie d'abord les conclusions aux gouvernements visés par l'enquête, et ensuite aux médias.

Sur place, je rencontre enfin des amis de Jamal, présents tous ces jours devant le bâtiment pour réclamer la vérité et alerter les médias depuis le meurtre du journaliste. Ces rencontres, comme d'autres plus tard, me permettent de mieux comprendre qui il était. Ses amis me parlent de lui, de leur respect pour le journaliste et pour l'homme, de leur crainte aussi de ce que ce meurtre signifie pour celles et ceux qui ont trouvé refuge à l'étranger.

Grâce à leurs mots, je me rapproche de Jamal, je le « sens » un peu mieux, moi qui depuis le début travaille « sur lui » en tant que symbole, sur ce qu'il représente dans la vie comme dans la mort, moins en tant que personne.

Je fais aussi la connaissance des membres de l'Association des journalistes du Moyen-Orient en Turquie, puis, assez rapidement, d'Hatice Cengiz, qui sera bientôt présentée dans le monde entier comme « la fiancée » de Khashoggi, de membres de la communauté saoudienne en exil, du procureur, des policiers et des dizaines de journalistes qui couvrent l'histoire. Certains sont liés au pouvoir, d'autres indépendants et beaucoup plus critiques. N'oublions pas que la Turquie est l'un des pays où les journalistes sont le plus emprisonnés.

Un jour, alors que nous sortons d'une énième réunion avec des amis de Jamal, un homme nous attend. Il insiste pour nous parler, mais il a peur. Nous lui proposons de monter dans notre voiture et nous démarrons. Pendant que nous roulons, il parle, livre des détails… On se croirait dans un film d'espionnage, un James Bond plus vrai que nature. La scène est surréaliste : je ne sais pas qui est cet homme, mais je prends des notes. Puis, aussi vite qu'il est apparu, il demande à descendre de la voiture quelques centaines de mètres plus loin.

Alors qu'il s'éloigne, l'ancien commissaire de police britannique me lance : « Je ne pense pas qu'on puisse croire ce type. » Je l'interroge : pourquoi donc ? « Parce qu'il était l'autre soir dans notre hôtel, au même étage que nous. J'ai trouvé son comportement bizarre. Je lui ai demandé ce qu'il cherchait, et il a bafouillé quelques explications confuses. Je l'ai très bien reconnu ! » Était-il envoyé par les services de renseignement turcs afin de nous manipuler ? Ou bien envoyé par d'autres ?

Nous avons enquêté sur ses dires ; nous n'avons jamais pu les corroborer. Le mystère de cet inconnu avec qui j'ai partagé ces quelques minutes restera entier. Ce n'est pas faute d'avoir essayé de l'élucider. Mais cet épisode, loin d'être inutile, met au contraire en valeur le rôle de l'équipe iconoclaste que j'ai mise en place, loin des habitudes et des pratiques usuelles. Nous n'aurions jamais su que cet individu nous espionnait dans notre hôtel sans la présence de Paul, l'ancien policier…

« Il est l'heure d'écouter les enregistrements »

Retour à Ankara, dans le château des services secrets. Il est l'heure d'écouter les enregistrements. On nous fait entrer dans une très grande salle sans fenêtre, située au rez-de-chaussée du bâtiment. Une salle tout en longueur avec, en son centre, une table rectangulaire. Mon équipe et moi nous asseyons. À côté de moi s'installe mon interprète arabe-anglais. Face à nous, des agents du renseignement turc, leur interprète, des techniciens dont l'un va lancer les enregistrements qui seront diffusés via des haut-parleurs, les stopper, revenir en arrière. Seul mon interprète est équipé d'écouteurs pour mieux entendre.

Il nous est interdit de prendre des notes, mais les agents nous remettent deux copies des retranscriptions des enregistrements traduits en anglais. Nous ne serons pas autorisés à les prendre avec nous, on nous les remettra plus tard. Ces retranscriptions nous permettent de suivre au mieux les enregistrements, mais nous ne pouvons pas nous y fier complètement. Mon interprète me signale lorsque les retranscriptions ne correspondent pas à ce qui est dit.

C'est comme si nous avions juste le droit d'écouter les enregistrements, mais à la va-vite. Une situation assez étrange, en vérité. Nous tentons de ruser, de faire croire que nous n'avons pas compris les consignes, nous faisons ce que nous pouvons lors de la première heure pour tout de même prendre des notes, avant de nous faire rappeler plusieurs fois à l'ordre par nos hôtes. Mais à nous quatre, plus l'interprète qui est doté d'une excellente mémoire, et qui peut écrire certaines choses en arabe, nous allons tout de même parvenir à plus ou moins tout retranscrire.

Il y a, dirons-nous, quelques malentendus dans la traduction. À un moment, les Turcs affirment que quelqu'un lance : « Ramenez-moi la tête de Khashoggi sur un plateau ! » Or notre interprète est catégorique, personne n'a prononcé ces mots. Pourquoi l'avoir prétendu ? Par erreur ? Parce que ces mots figurent dans d'autres enregistrements, auxquels nous n'avons pas eu accès ? Les propos ont-ils été inventés ? Des journalistes turcs et internationaux ont repris cette citation. Pour ma part, je n'ai pu vérifier son authenticité, et ces propos ne figurent donc pas dans mon rapport.

Nous avons écouté près de quarante-cinq minutes d'enregistrement (en réalité un montage audio, pas quarante-cinq minutes d'affilée), sur les sept heures que les Turcs affirment posséder. Si tel est bien le cas, je n'ai donc entendu qu'une toute petite partie de ce à quoi ils avaient accès, sachant que les bandes sonores couvrent quarante-huit heures, les quarante premières étant consacrées à l'organisation, à la planification du crime – de nombreux appels téléphoniques sont passés entre Istanbul et l'Arabie saoudite durant l'enregistrement.

Pour raconter l'histoire dans sa globalité, il faut savoir que Jamal s'est rendu une première fois au consulat dans la matinée du 30 septembre pour récupérer un document dont il avait besoin pour épouser Hatice – la preuve administrative qu'il n'était pas déjà marié en Arabie saoudite. Pour qu'il se présente une deuxième fois au consulat, les Saoudiens ont inventé un prétexte. Les fonctionnaires ont affirmé qu'ils devaient demander aux autorités de Riyad cette pièce administrative et que Jamal devait venir en personne la récupérer.

Jamal Khashoggi, 59 ans, et Hatice Cengiz, alors âgée de 38 ans, n'étaient plus seulement fiancés. Ils s'étaient dit oui religieusement le 16 septembre 2018, en présence de la famille d'Hatice. Jamal avait alors apporté la dot et s'était présenté aux parents comme au reste des proches. Le père de la jeune femme avait donné son accord. Ne restait plus qu'à s'épouser civilement. C'est Hatice elle-même qui m'a raconté leur histoire. Des années après, aujourd'hui encore, nous sommes toujours en contact. Je pense pouvoir dire que nous sommes amies. En tout cas, Hatice est quelqu'un dont je me sens proche. Elle vit toujours à Istanbul.

Pour le mariage civil, Jamal rêvait d'une fête grandiose, mais Hatice, elle, préférait davantage de discrétion : les deux cérémonies seraient simples, avec quelques amis et la famille. En attendant, le jeune couple était occupé à s'installer dans sa nouvelle vie et attendait la livraison des meubles et du congélateur qu'ils avaient acheté pour garnir l'appartement que Jamal venait d'acquérir dans la vieille ville d'Istanbul.

Très vite, après sa première venue au consulat, des appels téléphoniques ont été passés. Nous en avons entendu plusieurs. Le chef du bureau local des renseignements, Ahmed Abdullah al-Muzaini, le colonel Maher Abdelaziz Mutreb, agent des services saoudiens, que beaucoup considèrent comme le chef du commando, et le consul général Mohammed al-Otaibi s'entretiennent ensemble. S'agit-il bien de Jamal Khashoggi, que tous semblent chercher ? Est-ce bien lui ?

Voici un extrait des enregistrements que nous avons écoutés :

Al-Muzaini. – Je viens de le voir, on est tous trop choqués ! Il revient dans deux jours !

Mutreb. – Si Dieu le veut. J'en informe le bureau de Hatim.

Al-Otaibi. – Le chef de la sécurité m'a appelé. Ils ont une mission. Ils veulent que l'un d'entre vous prenne en charge une mission top secret. Il y aura les autorisations nécessaires. La personne doit être fiable.

A priori, les micros ont été placés dans une seule pièce, celle d'où sont passés tous les appels, à proximité du bureau du consul. L'Américain Bryan Fogel a réalisé un film bouleversant sur la mort de Jamal, intitulé *The Dissident*. On y voit un policier turc évoquer la salle de réunion, et suggérer qu'il y avait un lien direct avec l'Arabie saoudite, avant, pendant et après le meurtre de Jamal : « Quelqu'un a pu observer toute la scène, voire donner des ordres », dit-il. Je n'ai jamais pu vérifier ces allégations ; elles ne figurent donc pas dans mon rapport. Les enregistrements que j'ai entendus ne laissent pas supposer qu'il y ait d'autres personnes présentes au bout du téléphone ou par vidéoconférence.

Je me suis souvent interrogée sur la nature de ces allégations. S'agit-il de propagande turque pour insister sur le caractère odieux du crime ? Ou bien du partage de vraies informations, mais qui ne peuvent être attribuées afin de protéger leurs sources ? Je ne serai jamais capable de trancher. Et la déontologie demande que je m'en tienne à ce que je peux prouver.

Les enregistrements se poursuivent. Nous entendons des personnes expliquer quel genre d'opération elles veulent mener, le type d'experts qu'elles recherchent. Qui doit se rendre en urgence à Riyad pour un briefing avant de revenir. Quel hôtel réserver pour faire croire que ces hommes sont des touristes, quels vols… Elles recherchent un endroit tranquille à l'extérieur d'Istanbul pour y cacher soit un corps, soit un prisonnier, ce n'est pas encore clair. Tous les enregistrements tendent à montrer à quel point l'opération est planifiée. Après une mission de reconnaissance, deux autres équipes sont censées arriver en même temps à Istanbul par différents vols privés ou réguliers, pour brouiller les pistes. Quinze hommes en tout sont missionnés, par un État, l'Arabie saoudite, qui met à leur disposition tous les moyens nécessaires.

Tout est classé top secret, personne ne doit savoir. Pourtant, il s'agit bel et bien de la réalité.

Chapitre 2

« Je voulais “en être” »

Les origines

Dans toutes les familles, il faut un héros. Un ou une aïeule, un ou une ancêtre à qui se référer. Dans la mienne, il s'appelle M. Savioux. Léon Savioux, mon grand-père, a été tué le 15 août 1944 dans des conditions dramatiques. On a toujours dit dans la famille qu'il y avait eu une attaque contre les Allemands, qu'en représailles ceux-ci sont entrés dans les villages et ont pris des otages, et que, pour sauver sa vie et celle de sa famille, l'un d'entre eux a dénoncé mon grand-père. Léon a été arrêté puis fusillé, dans la commune d'Allemont, en Isère. J'ai donc grandi avec le souvenir de ce grand-père que je n'ai pas connu mais qui a profondément marqué ma lignée.

Je suis née à Grenoble le 14 mars 1963. J'ai grandi dans une famille aimante, malgré les traumatismes des maltraitances qu'ont subies mes deux parents, au milieu des livres, de la littérature française aux polars.

Mes parents avaient constamment un bouquin à la main.

J'ai toujours eu du mal à définir le métier de mon père. Du côté de la Drôme provençale, où j'ai grandi et où j'habitais enfant, presque tous les hommes travaillaient au Commissariat à l'énergie atomique de Pierrelatte, le CEA, qu'on appelait « la Centrale », en plein cœur de la vallée du Rhône. Ma mère, orpheline à 10 ans, a commencé son apprentissage d'institutrice aussitôt son bac en poche et trouvé un poste à Saint-Nizier-du-Moucherotte, où elle a rencontré mon père… sur une piste de ski ! Elle l'a suivi dans la Drôme, à Saint-Paul-Trois-Châteaux. Elle y est restée toute sa carrière.

J'ai commencé à lire très tôt, dès que j'ai pu, à 5 ans. Des histoires que je lisais à voix haute dans mon lit. On parlait de tout à la maison, notamment de politique. De sensibilité de gauche, mes parents fondaient leur engagement sur des questions de principes, pas vraiment sur une loyauté quelconque envers des individus. Je les ai suivis dans cette approche. Que penser de ces luttes de bonshommes, puisque cela a toujours été essentiellement des hommes au pouvoir ? Je me sentais davantage concernée par des thèmes liés à l'injustice, les dissidents de l'Union soviétique et les goulags, l'Afrique du Sud et l'apartheid, la situation économique de beaucoup de pays, en Afrique pour la plupart. Ces sujets m'intéressaient déjà adolescente.

Plus tard, vers l'âge de 20 ans, j'ai cherché un engagement moins individuel. J'allais écouter les différents groupes politiques qui arpentaient les campus et je discutais avec eux. Jusque-là, j'étais surtout nourrie de réactions ou de colères spontanées devant l'injustice ou ce qui ne me semblait pas acceptable, plutôt que par une réflexion élaborée sur l'engagement. C'était très impulsif. Mais ceux qui se souviennent de moi au collège ou au lycée m'ont souvent dit que j'étais un peu différente. Je voulais « en être ». Ils ne sont pas surpris de la personne que je suis devenue aujourd'hui.

Après le bac, j'ai intégré Sciences Po Grenoble : les années d'une plus grande prise de conscience politique, sociale, d'engagement. L'antiracisme. La politique étrangère. Je me suis beaucoup intéressée au conflit qui déchirait le Liban, ainsi qu'aux questions de la Françafrique, aux politiques de développement et au droit, administratif en particulier.

Pour mieux comprendre la Françafrique, je me suis rendue deux mois en Centrafrique en 1985. Ce fut mon premier voyage sur le continent africain. La République centrafricaine est probablement l'un des pires exemples d'exploitation des ressources et d'extraction d'une rente coloniale et post/néocoloniale. Le travail et les cultures forcés du colonialisme français ainsi que les monopoles de toutes sortes attribués aux entreprises françaises avaient été suivis par d'autres méthodes d'exploitation, d'autres répressions sanglantes. J'ai observé, recherché, interviewé, beaucoup parlé. J'ai pris une claque en me confrontant, dans le pays le plus pauvre du continent africain, à mes privilèges en tant que Française, de couleur blanche, « expat ». Tout fonctionnait ainsi : les Européens en premier, les Indiens ou les Libanais ensuite, les Noirs en dernier. Le racisme était institutionnalisé, faisait partie intégrante du néocolonialisme français qui sévissait depuis l'indépendance seulement nominale du pays. Le contrôle économique quasi total de la France sur les richesses de la RCA s'accompagnait d'un contrôle politique bien huilé, particulièrement depuis que les forces françaises avaient déposé le tyran Jean-Bedel Bokassa, au pouvoir pendant près de quatorze ans, de 1966 à 1979. Mon mémoire de fin d'année à Sciences Po Grenoble a porté sur les relations que la France entretenait avec la République centrafricaine depuis le colonialisme jusqu'aux années 1980.

Des années plus tard, le pays a de nouveau été au centre de mes préoccupations alors qu'il était le théâtre de violences inouïes provoquées par une énième guerre civile commencée en 2013, opposant les groupes de la Seleka, majoritairement musulmans, aux milices d'autodéfense anti-balaka, à dominance chrétienne. En tant que rapporteuse spéciale des Nations unies, j'ai dénoncé, en 2019, le meurtre des trois journalistes russes Orhan Djemal, Alexandre Rastorgouïev et Kirill Radtchenko, qui enquêtaient sur les activités du groupe Wagner, une grande entreprise militaire privée russe. Leur meurtre, prémédité, était vraisemblablement en lien avec leur enquête, même si les gouvernements russe et centrafricain ont nié toute implication. Deux ans plus tard, mes collègues du groupe de travail sur les mercenaires ont mené une enquête détaillée sur les activités du groupe Wagner en RCA, les soutiens dont il bénéficierait, y compris auprès des Nations unies, et les multiples violations des droits humains dont ces mercenaires se seraient rendus coupables.

Les années Howard

Mon diplôme de Sciences Po en poche, en 1985, j'ai décidé de partir aux États-Unis et d'intégrer l'université « noire américaine » Howard, à Washington – là où Kamala Harris et Jessye Norman ont étudié –, qui proposait un programme d'études africaines dispensé par des professeurs africains, noirs américains et des Caraïbes. L'idée d'intégrer une université noire américaine, chargée d'histoire politique, sociale, culturelle, m'avait plu. Howard était pour moi un moyen de continuer d'explorer ce monde d'inégalités systémiques, historiques. Nous étions une poignée de Blancs, surtout européens, parmi 10 000 étudiants[1], des Africains-Américains qui s'inscrivaient pour décrocher un premier diplôme et bénéficier d'une expérience culturellement et politiquement africaine-américaine, loin des préjugés et du racisme,

1. Les étudiants blancs étaient 180 en 2021.

au sein de leur communauté, dans un environnement fondé sur leur histoire.

Mon expérience à Howard, à nulle autre pareille, a été tout d'abord politique : la lutte contre l'apartheid en Afrique du Sud et contre le racisme, aux États-Unis et ailleurs, figurait largement dans le cursus universitaire et extra-universitaire. Mais pas seulement. Je me suis sentie bien à Howard. La rebelle en moi s'est trouvée à l'aise dans cet environnement parce que les normes sociales exigeaient que je sois mal à l'aise, que je ne me sente pas à ma place. Ce qui était pour beaucoup incompréhensible a pris soudain tout son sens pour moi. Howard a donné aux démarches politiques, intellectuelles de mes années lycéennes et universitaires françaises l'authenticité et la clarté qui leur manquaient.

Dans les années 1980, Washington était une ville du Sud, du point de vue culturel et géographique, avec des communautés noires et blanches très séparées. À l'époque, Howard était situé dans un quartier très pauvre, frappé par les trafics de drogue et par une forte criminalité. Je me suis fait agresser une fois, le jour de Thanksgiving, par des gamins de 13 ou 14 ans. C'était la fin de l'après-midi. J'ai senti une présence derrière moi et immédiatement un bras autour de mon cou, qui m'étranglait et cherchait à me faire tomber. Un homme noir s'est précipité vers nous, en les engueulant. Les gamins se sont enfuis en rigolant. Le monsieur m'a remise debout en s'excusant, comme si c'était sa faute. Je l'ai remercié – un homme courageux, qui rentrait d'une journée de travail de toute évidence, il portait un uniforme. Je suis retournée au dortoir en pleurant. Mais après vingt-quatre heures au lit, je suis sortie, bien décidée à ne pas m'en laisser conter. Après plusieurs mois à déambuler partout et souvent seule dans tous les coins de Washington, nuit et jour, je suis devenue « *street smart* », ou certainement plus que je ne l'étais en arrivant de mon village provençal ! J'arrivais à sentir l'atmosphère, les dangers, à changer de coin, traverser la rue à temps ou entrer dans un magasin. Ce qui m'a bien servi après, plus tard, dans ma vie.

C'est à cette époque que je me suis intéressée aux mouvements migratoires et de réfugiés, un intérêt qui n'a jamais faibli et qui a accompagné toute ma vie professionnelle : tandis que je frappais aux portes de toutes les agences des Nations unies, CV en main, pour décrocher un stage, le Haut-Commissariat pour les réfugiés a accepté de me prendre comme stagiaire. Je me suis vite sentie un membre à part entière de l'équipe. Je rédigeais des dossiers sur les pays d'origine des personnes réfugiées et, quand il le fallait, j'assistais les avocats qui étudiaient les demandes d'asile. Je me retrouvais au cœur d'histoires humaines souvent terribles. Les réfugiés venaient de partout : du Vietnam – c'était la fin du mouvement des *boat people*, mais ils étaient encore nombreux à arriver aux États-Unis –, du Cambodge, d'Amérique centrale, du Nicaragua notamment, et de la Corne de l'Afrique – des Éthiopiens, des Érythréens et, dans une moindre mesure, des Somaliens. Durant mes trois ans de stage, je me suis beaucoup intéressée à la guerre en Éthiopie, en Érythrée, et aux camps de réfugiés au Soudan.

New York et la New School

Au terme de ces trois années à Washington, j'ai été admise à la New School de New York. Le professeur Aristide Zolberg, le meilleur spécialiste des questions migratoires, y compris des mouvements de réfugiés, m'a prise sous son aile dès le début. J'ai collaboré avec lui durant toute ma scolarité. C'est aussi à ce moment de ma vie que ma conscience féministe s'est consolidée, la New School comptant de nombreuses féministes parmi les étudiantes et les professeures. À Howard, je percevais ces questions comme étant de moindre importance, voire une trahison envers la cause noire américaine et la lutte antiraciste. Il m'a fallu de nombreuses années pour parvenir à trouver une « harmonie » entre mon engagement contre le racisme et mon féminisme.

C'est dans ce contexte que j'ai commencé à réfléchir à ma thèse de doctorat, que je voulais consacrer aux mouvements de réfugiés. Mon choix s'est porté sur le thème des grands mouvements de réfugiés et les réponses que les institutions internationales et les gouvernements apportent, ainsi que les populations hôtes chez qui s'installent ces réfugiés, souvent sur leur terre, dans leur rue, parfois dans leur maison quand les liens sont proches.

Dans la seconde moitié des années 1980 et au début des années 1990, le nombre de réfugiés dans le monde a augmenté de 50 %, portant le total estimé à 17,5 millions, dont un tiers en Afrique. Ces populations vivaient en exil, dans des camps, pendant des années, accueillies par des peuples souvent tout aussi appauvris et vulnérables que les réfugiés eux-mêmes. Ces mouvements remettaient en question les institutions onusiennes et nationales ainsi que le cadre juridique de la Convention des réfugiés de 1951.

La plus grande population de migrants enregistrée en Afrique était mozambicaine. Elle avait fui un conflit vieux de seize ans entre le gouvernement indépendant et la Résistance nationale mozambicaine (Renamo), composée de colons portugais revanchards et d'opposants au Frelimo, acronyme du portugais *Frente de Libertação de Moçambique*, le parti au pouvoir. Soutenue activement par la Rhodésie puis le régime d'apartheid d'Afrique du Sud, la Renamo avait créé un climat d'insécurité continue dans de nombreuses régions du pays. Sous son règne de terreur, jusqu'en 1993, les villageois mozambicains ont été aveuglément tués, violés, kidnappés pour être utilisés comme porteurs ou enrôlés de force comme soldats, et leurs récoltes et productions alimentaires volées pour nourrir ses soldats.

Un million de déplacés avaient trouvé refuge au Malawi, gouverné par une dictature, celle du président Hastings Kamuzu Banda, qui est mort en 1997 à l'âge de 99 ans. Mais nous étions cinq ans avant sa mort. Deux mots résument son régime : répression et peur. Des milliers de personnes ont été arrêtées, battues ou tuées parce qu'elles avaient trop parlé dans un bar, dans un bus, avec leurs amis ou leurs proches, et même avec leurs enfants.

En 1992, après une enquête sur les violations des droits humains au Malawi, une délégation d'avocats britanniques a qualifié la situation de « glaçante », mettant l'accent sur le harcèlement et la torture, le limogeage et l'expulsion d'étudiants et d'enseignants, d'innombrables emprisonnements et les conditions inhumaines de détention. La peur a dominé les trente ans de règne de Banda. Elle imprégnait les relations parents-enfants, les réunions familiales, les amitiés, les interactions élèves-enseignants et les transactions commerciales. Les espions étaient partout. C'était le Malawi de Banda[1]. Dans le même temps ce pays, l'un des plus densément peuplés d'Afrique et parmi les nations les plus pauvres du monde, a mis en œuvre une politique de portes ouvertes, assurant la protection des réfugiés et contrastant, déjà à l'époque, avec le traitement qui leur était fait en Europe et en Amérique du Nord. La politique du Malawi en matière de réfugiés, bien que solidement

1. Dissertation, p. 96.

enracinée dans le continent africain, restait mal comprise et peu expliquée, ce qui m'a poussée à vouloir l'étudier.

C'est le directeur du Centre d'études sur les réfugiés de l'université d'York, à Toronto, qui m'a octroyé une bourse pour aller y écrire mon doctorat. C'est ainsi qu'un soir de 1992, je suis montée dans ma voiture, direction le Canada, puis, très vite, je me suis envolée vers le Malawi.

Chapitre 3

« Il suffira de découper le corps en morceaux »

« Le plus simple était d'assassiner Jamal sur place »

Arrivent les enregistrements du jour J, le 2 octobre 2018, celui de l'assassinat de Jamal Khashoggi.

Assis dans cette salle sans âme du siège des renseignements turcs, à Ankara, nous entendons d'abord des conversations qui ont lieu une heure avant l'arrivée de Jamal au consulat. Une, notamment, entre le chef de la mission et le médecin recruté pour, a priori, s'occuper de son corps. Ils se posent deux types de questions : comment dépecer un cadavre dans un endroit qui n'est pas fait pour ça ? Que faire ensuite des différentes parties ? On comprend que les deux hommes ne se téléphonent pas. Ils sont ensemble, réunis physiquement, au consulat où la quinzaine de membres du commando est arrivée en deux temps.

Un premier groupe est probablement arrivé en reconnaissance, pour planifier le kidnapping de Jamal et répéter sur place, évaluer les risques et y répondre.

Ce premier groupe a certainement très vite mesuré l'ampleur des défis et des problèmes qui se sont révélés insurmontables. Le lieu est en effet très exposé, truffé de caméras de surveillance, entouré de nombreuses représentations diplomatiques, et le personnel du consulat ou encore de la résidence n'est pas entièrement saoudien… La prise de risques est grande.

J'ai interrogé une personne ayant travaillé pour le FBI ; elle m'a assuré que cette opération de reconnaissance a bien dû avoir lieu et qu'elle a dû amener les participants à conclure qu'un kidnapping afin de ramener Jamal à Riyad relevait de la mission impossible. Le plus « simple » était en fait d'assassiner Jamal sur place, en toute discrétion. Je l'ai écrit dans mon rapport : je pense que le meurtre a été planifié vingt-quatre ou quarante-huit heures avant qu'il ait lieu, lorsqu'il s'est révélé trop difficile de kidnapper le journaliste. Ce qui suffit pour établir la préméditation et qualifier ces actes d'assassinat.

Dans cette même discussion enregistrée, le médecin légiste Salah Mohammed Abdah Tubaigy évoque les techniques à suivre pour découper un corps. Il n'est pas fait mention de Jamal au cours de cette conversation, sauf à la fin, indirectement. « Il sera démembré, de toute façon, ça ne pose pas de problème. Cependant, est-ce que le tronc et les hanches tiendront dans un sac ? » On entend rire. Aussi fou que cela puisse paraître, ces hommes plaisantent en planifiant un assassinat.

Maher Abdelaziz Mutreb. – Ça ne tiendra pas dans un sac. Il est grand, 1,80 m. Donc il faut au moins prévoir un poids de 90 kilos. Si on prend des sacs en plastique, ça ira, il suffira de le découper en morceaux.

Salah Mohammed Abdah Tubaigy. – Les articulations seront séparées, ce n'est pas un problème. Le corps est lourd. C'est la première fois que je coupe par terre. Si nous prenons des sacs en plastique et que nous le coupons en pièces, ce sera terminé. On emballera chacune d'entre elles.

Un peu plus tard, le praticien semble exprimer des inquiétudes. Il ajoute quelque chose comme : « Vous avez de la chance, vos chefs savent que vous êtes là, alors que moi, il n'en sait rien. Je ne serai pas couvert s'il y a un problème », ce qui pourrait démontrer la décision de dernière minute de recruter ce médecin.

Que le crime ait peut-être été orchestré trois mois ou bien quelques heures en amont, une chose est certaine : le prince héritier d'Arabie saoudite, Mohammed ben Salman, était forcément au courant. Tous les experts, saoudiens ou non, que j'ai rencontrés me l'ont dit. Quand je leur ai demandé : « Est-il possible que des hommes aient décidé de tuer Jamal sans en informer le prince ? », tous m'ont littéralement ri au nez. Certes, je ne dispose pas de preuves matérielles, tangibles, contre le prince, du *smoking gun* comme on dit en anglais. Mais j'ai des preuves circonstancielles. Il est de toute façon toujours très difficile d'obtenir des preuves matérielles contre les commanditaires de ce type de crime. Nous disposons surtout de présomptions extrêmement fortes. C'est encore le cas ici.

« Mais comment de telles choses peuvent-elles arriver dans un consulat ? »

Le 2 octobre 2018, Jamal Khashoggi arrive à l'heure indiquée pour retirer le fameux document dont il a besoin pour le mariage civil. Il est avec Hatice. On les voit, filmés par des caméras de vidéosurveillance, quittant leur appartement en se tenant par la main comme le font les amoureux. Une fois au consulat, elle reste dehors. Elle conserve avec elle les deux téléphones de Jamal afin que les autorités ou la sécurité ne les confisquent pas. Il lui dit : « Attends-moi ici, ce ne sera pas long. » Puis on le voit entrer dans le consulat.

C'est la dernière image de lui à jamais.

En écoutant les enregistrements qui correspondent à cet instant où tout se joue, on entend :

Salah Mohammed Abdah Tubaigy. – Est-ce que l'animal à sacrifier est arrivé ?

Maher Abdelaziz Mutreb. – Il est arrivé.

Tubaigy. – Dieu merci.

Mon sang se glace en y repensant. Jamal est accueilli à l'intérieur. On le conduit à l'étage pour qu'il puisse récupérer son document. Sur les bandes d'enregistrement, je l'entends arriver, saluer des hommes que, visiblement, il ne s'attend pas à retrouver, en particulier quelqu'un qu'il n'a probablement pas vu depuis longtemps. Il reconnaît le consul. « Ah, vous êtes là ? » dit-il. Ils sont quatre ou cinq en plus de lui. Ils échangent quelques formules de politesse puis, très vite, entrent dans le vif du sujet.

Voici la session 4 des enregistrements. Il est 13 h 13, le 2 octobre, dans le bureau du consul au deuxième étage. Tout figure noir sur blanc dans mon rapport :

Jamal. – *As salaam alaikum.*

Mutreb. – *Wa alaikum salaam.*

Jamal. – Comment allez-vous ?

Mutreb. – Bien, Dieu merci, et vous, Jamal ?

Jamal. – Bien, Dieu merci. Comment ça va au consulat ?

Mutreb. – Bien, merci. Voulez-vous boire quelque chose ?

Jamal. – Oui, du thé, s'il vous plaît.

Mutreb. – Quand êtes-vous arrivé ?

Jamal. – Ce matin. J'étais à Londres. Je voyage entre Londres, Istanbul et Washington.

Mutreb. – Vous ne voulez pas rentrer au pays ?

Jamal. – Si, bien sûr, pourquoi pas ? Qui n'a pas envie de rentrer dans son propre pays ?

Mutreb. – Alors pourquoi ne pas rentrer ?

Jamal. – J'espère bien le faire, à 100 %.

Mutreb. – Très bien, monsieur Jamal, en résumé, il y a toujours une solution.

Jamal. – Dites-moi laquelle…

Mutreb. – Il y a un mandat Interpol qui vous contraint à rentrer.

Jamal. – Ah bon ? Mon cher frère, il n'y a aucun mandat Interpol contre moi.

Mutreb. – Si, je vous assure.

Jamal. – Mon cher, j'ai informé des gens dehors, si je disparais, ils iront parler.

On sent l'inquiétude, puis la peur, le gagner quand il prend conscience que ces gens sont vraiment là pour lui faire du mal. Il observe autour de lui, voit des serviettes, des seringues. Il dit encore : « Vous savez, les gens savent que je suis là. J'ai laissé mes téléphones à mon chauffeur. » Puis il précise : « À ma fiancée. » Il veut leur faire prendre conscience que ce serait une folie de lui faire du mal. Mais il a beau parler, rien n'y fait.

Mutreb. – Votre femme est dehors ?

Jamal. – Oui. Mais pourquoi agissez-vous ainsi ?

Mutreb. – Vous allez envoyer un SMS, c'est un ordre !

Jamal. – À qui ? Pourquoi ?

Mutreb. – À votre fils !

Jamal. – Lequel ? Que devrais-je dire ? À bientôt ? J'ai comme l'impression d'être kidnappé.

Mutreb. – Donnez-moi votre téléphone, enlevez votre veste !

Jamal. – Mais comment de telles choses peuvent-elles arriver dans un consulat ?

Mutreb. – Ôtez votre veste, vite !

Jamal. – Au nom de Dieu, je suis quand même dans un consulat !

Mutreb. – Écrivez ! Pressons ! Aidez-nous à vous aider parce que, à la fin, nous allons vous ramener en Arabie saoudite et si vous ne nous aidez pas, vous savez ce qui se passera à la fin.

Puis surviennent des bruits de lutte. La dernière chose que l'on entend vraiment, ce sont ces mots, au sujet des serviettes, des seringues : « Il y a une serviette là-bas, pourquoi ? Qu'allez-vous en faire ? »

Quelqu'un lui met quelque chose sur la bouche, l'enroule autour de sa tête, probablement un sac plastique. On entend une bagarre, puis une suffocation, des gémissements, une respiration à bout de souffle. Les voix des autres protagonistes sont calmes. Un peu essoufflées. Aucune émotion ne transparaît. Nous ne sommes pas dans un film d'horreur. Ils font leur boulot. Ces hommes s'apprêteraient à dépecer un animal, il en irait de même. On entend demander : « Il est mort ? » Puis : « Tiens sa tête ! Appuie, appuie ici, ne bouge pas sa tête ! On y est presque. » Un autre homme : « OK, ça suffit ! Mets-le sur la tête, enroule, enroule ! » Puis encore : « Mets ta main là, continue à appuyer ! » Jamal va suffoquer pendant sept minutes trente. « Prends la corde ! Soulève-le, prends son pied, enlève son pantalon ! » Ensuite, on entend plus de bruits que de mots.

Nous pensons que Jamal a peut-être reçu une injection qui l'a endormi pour qu'il cesse de se débattre. Ensuite, on a dû effectivement lui placer un sac en plastique autour de la tête, on l'a étouffé et il est mort.

« Il s'est donc passé quelque chose dans ce four, mais quoi ? »

J'entends désormais de drôles de bruits, comme des crissements. Les agents turcs pensent que l'un correspond à celui que fait une scie électrique en fonctionnement. Aucun des experts consultés n'a pu vérifier cette hypothèse. Nous-mêmes ne sommes pas en mesure de prouver qu'il s'agit d'une scie. Mais nous savons que le corps sera dépecé. On entend ensuite des bruits de fermetures Éclair, celles des sacs apportés pour transporter le cadavre. Le médecin légiste de mon équipe et d'autres experts pensent qu'il a tout d'abord été vidé de son sang, pour éviter que celui-ci s'écoule partout lors du dépeçage. Les parties du corps de Jamal sont donc placées dans des sacs, en plastique ou en cuir noir, puis transférées à la résidence du consul où se trouve une autre équipe, chargée de s'en débarrasser.

À partir de ce moment-là, nous sommes un peu dans le noir. Qu'en ont-ils fait ? J'ai assisté en partie au procès Khashoggi qui a débuté en 2020 en Turquie et s'est poursuivi à l'été 2021 : vingt-six personnes soupçonnées d'avoir participé à l'assassinat du journaliste et dissident étaient sur le banc des accusés. Ou plutôt n'y étaient pas : les vingt-six Saoudiens inculpés étaient absents, tous jugés par contumace ; huit ont été condamnés à des peines de prison allant de sept à vingt ans. En avril 2022, la justice turque a décidé de transférer ce dossier si délicat en Arabie saoudite. Hatice Cengiz a fait appel, affirmant, par la voix d'un de ses avocats, Me Baspinar, que cette décision de transférer le dossier allait « à l'encontre de la loi », constituant « une violation de la souveraineté turque ». J'ai alors moi-même qualifié la décision de honteuse. Les autorités turques savent mieux que quiconque que justice ne pourra jamais être rendue par les institutions judiciaires saoudiennes.

L'horreur n'a pas de limites dans cette terrifiante affaire. Sur la base de ce que j'ai entendu aux audiences et via d'autres sources de renseignement, je pense qu'ils ont utilisé le four situé dans le jardin de la résidence du consul pour se débarrasser du corps de Jamal. Un four pour la cuisson de la viande à très haute température. Ils ont dû tout brûler sauf les os, qui eux ne se consument pas complètement. L'homme à tout faire de la résidence a raconté lors du procès qu'on lui avait justement demandé de ne pas être présent ce jour-là. Puis on l'a rappelé en lui disant de mettre le four en marche. Il a expliqué qu'il y avait un grand nombre de Saoudiens sur place, qui lui ont rapidement ordonné de partir une fois le four allumé. Quand il est revenu plusieurs jours plus tard, il a remarqué que le tour du four avait été nettoyé à l'eau de Javel et qu'une partie avait été brisée. Il s'est donc passé quelque chose dans ce four, mais quoi ? Plusieurs parties du corps y ont-elles été brûlées ? Probablement. Et le reste ? La tête, par exemple ? A-t-elle été rapportée à Riyad, comme certains l'ont dit ? Je ne sais pas. Nous n'avons pas la réponse.

Il existe un puits dans la résidence du consul, que les autorités saoudiennes ont refusé de laisser vidanger par les Turcs. On sait aussi que, pour le soir de l'assassinat de Jamal Khashoggi, le consul a commandé plus de 30 kilos de viande dans un restaurant. Le chef des services de renseignement turcs, cité dans le film de Bryan Fogel, explique : « Nous pensons que la commande de viande était destinée à masquer l'odeur de la crémation du cadavre. »

« Il fallait rendre à Jamal ce que nous lui devions : la justice »

Écouter les enregistrements, sur le moment, n'a pas été aussi violent qu'on pourrait l'imaginer.

Autour de la table, dans ce château turc en haut de la colline, nous étions tellement pris par le travail, si concentrés que nous ne pouvions nous laisser emporter par les émotions.

Personnellement, j'étais complètement focalisée sur ce que j'étais venue faire ici. Je me dégageais de mes émotions. Pas question de me laisser déborder par qui ou quoi que ce soit, j'étais là pour obtenir des informations, tout comme mes collègues. Bien sûr, nous avions préparé la rencontre avec les services de renseignement turcs : qui allait dire quoi, comment gérer ce moment... À chacun son rôle.

Puis, quand nous avons commencé à écouter les enregistrements, nous étions un peu comme des chirurgiens au début d'une opération : les émotions ont été mises de côté. On m'a posé mille fois cette question : « Mais qu'avez-vous ressenti ? » Je n'ai pas ressenti. J'ai travaillé. Il n'y avait, à ce moment précis, aucun espace disponible pour les émotions ; celles-ci nous auraient déconcentrés. Seul l'interprète, qui entendait la bande sonore dans sa propre langue, a pu être touché. Sa traduction nous a en quelque sorte servi de pare-feu. Je suis certaine, en y repensant, que j'aurais été davantage troublée si les personnes s'exprimant dans l'enregistrement l'avaient fait en anglais ou en français.

Nous n'avions en revanche pas prévu qu'ils ne nous laisseraient pas prendre de notes. Nous nous sommes malgré tout adaptés à la situation, en écrivant sans être vus dès que l'occasion se présentait, et essayant de tout retenir. Nous écoutions les dernières minutes de la vie d'un homme, mais nous devions agir comme des machines : il fallait emmagasiner, récolter les informations. C'est après que l'épouvante a surgi. Le dégoût. La prise de conscience de l'ampleur du crime commis. La grande tristesse aussi. Quand nous en avons reparlé entre nous, quand nous avons relu nos notes. Peu à peu. Comme les pièces du puzzle. C'est seulement plus tard, quand on y repense, que l'on réalise l'horreur indescriptible de la chose. Qu'on se dit : « Oh mon Dieu ! Mais qu'ont-ils fait ? »

Une fois tous les enregistrements disponibles écoutés, nous quittons le château, cette forteresse posée en haut d'une montagne. À bord du minibus, sur la route qui serpente dans le noir, nous repartons en silence vers notre hôtel. Nous ne parlons pas, ou presque pas. Nous craignons d'être écoutés, même à bord de notre véhicule. Nous prenons des notes, nous échangeons des banalités. Arrivés à destination, nous nous installons dans un café juste à côté de l'hôtel et nous mettons en marche le brouilleur que j'ai loué en arrivant en Turquie. Et là, enfin, nous débriefons. Le temps joue contre nous, il ne faut rien oublier de ce que nous avons entendu, alors, tous ensemble, nous rédigeons la version la plus précise possible des enregistrements. Nous sommes ultraconcentrés. Il n'y a toujours pas de place pour les émotions. Elles viendront, bien sûr, mais plus tard.

C'est notre interprète qui évoque le premier l'horreur de la scène. Quand Jamal est tué, il nous explique qu'il a ressenti la peur dans sa voix. Elle nous a échappé, car la voix de Jamal ne tremblait pas, mais lui l'a ressentie.

La nuit qui suit, je ne dors pas bien. Je dors rarement bien, mais là, je ressasse tout, je revois tout, je ne trouve pratiquement pas le sommeil. Mais je ne fais jamais de cauchemars. Je ne suis ni un monstre de froideur ni quelqu'un qui se laisse perturber par les émotions. En vingt ans de métier, j'ai appris à les contenir.

Ce qui ne veut pas dire que rien ne me touche. Au cours de mes années à l'ONU, j'ai été particulièrement bouleversée par ce père qui m'a tendu la photo de son fils disparu et m'a demandé de l'aider à le retrouver. Ce moment ne m'a jamais quittée, je l'ai toujours dans ma tête, des années après. Comme cette mère qui a perdu ses enfants, qui crie sa colère contre tous, moi y compris. Elle non plus, je ne l'oublierai pas. Ni les massacres de masse, d'enfants, les enfants soldats en Ouganda. Ces corps, ces images, je les ai eus sous les yeux et je les ai encore. Mais ici, face à l'horreur du crime contre Jamal, dans le donjon des services de renseignement, il fallait se contenir. Travailler, reconstituer les circonstances dans lesquelles on a assassiné cet homme. Il fallait rendre à Jamal ce que nous lui devions : la justice.

Il faut aussi comprendre la pression que j'avais sur les épaules. C'était la première fois qu'une experte de l'ONU utilisait son mandat pour une enquête comme celle-ci, qui plus est face à un homme aussi puissant que le prince héritier d'Arabie saoudite. Heureusement, je n'étais pas seule. Nous formions un groupe, comme un groupe d'amis, qui partagent les mauvais comme les bons moments, qui parlent des familles, qui dînent ensemble, qui plaisantent, comme le feraient des médecins pour évacuer, se débarrasser, se laver de toutes ces horreurs.

« Peut-on élaborer une obligation internationale extraterritoriale de protéger et d'alerter ? »

Les bandes ont été examinées par des experts du renseignement américains, canadiens, français et britanniques, et deux de ces services m'ont confirmé leur authenticité. « Il s'agit bien de M. Khashoggi et il est bien en train d'être étouffé, d'être tué. » Il fallait en passer par cette procédure, car l'affaire Khashoggi, c'est avant tout ce que la Turquie a bien voulu en dire et en laisser dire. Au cœur de mon enquête, j'ai analysé les faits sur la base du droit international, ce que personne d'autre n'a fait. J'ai utilisé les éléments de preuve que j'ai trouvés pour mettre en avant la culpabilité de l'Arabie saoudite. J'ai analysé ces preuves pour montrer la culpabilité d'un État. Je suis ensuite passée de la culpabilité de l'État à la responsabilité pénale d'individus au sein de cet État. Qui est venu d'Arabie saoudite ? Qu'ont-ils fait une fois sur place ? En somme, qui a drogué, assassiné, découpé Jamal Khashoggi ? Comment se nomment ses assassins ?

J'ai aussi rédigé tout un chapitre sur l'obligation de protéger : la Turquie, les États-Unis ont-ils échoué dans leur obligation de protéger Jamal Khashoggi ? Savaient-ils que sa vie était en danger ? Auraient-ils dû savoir que sa vie était en danger ? Enfin, je me suis intéressée à la quête de justice, notamment en Arabie saoudite. J'ai voulu m'appuyer sur ce dossier précis pour faire évoluer les règles. Le devoir de protéger, notamment. Étudier ce que pourrait être un devoir d'alerte. Les Américains l'estiment recevable : instaurer l'obligation de prévenir une personne vivant aux États-Unis qu'elle court un danger non seulement ici, mais en se rendant dans un autre pays. Au niveau du droit international, j'ai donc réfléchi à cette question : peut-on élaborer une obligation internationale extraterritoriale de protéger et d'alerter ?

Au sujet de Jamal, je n'ai pas trouvé d'éléments qui tendraient à montrer que les Turcs ont manqué à leur devoir de le protéger. C'est un petit peu plus compliqué pour les États-Unis. Il existait déjà des éléments, des menaces, pas contre Jamal directement mais contre d'autres Saoudiens. On pouvait donc se douter que les dissidents saoudiens couraient des risques à travers le monde. Ou du moins pouvaient être surveillés et menacés. La question pour moi est la suivante : y avait-il des éléments spécifiques tendant à montrer que des menaces de mort pesaient sur Jamal ? Aujourd'hui encore, je n'ai pas de réponse à cette question. Des journalistes ont assuré qu'il était menacé mais, de mon côté, je n'ai pas pu avoir accès à ces informations. En revanche, au fil de mon enquête, j'ai appris que les Américains savaient que certains Saoudiens étaient menacés, y compris de kidnapping ou de meurtre. Qu'un diplomate américain à Riyad avait demandé aux Saoudiens, lors d'une réunion entre gens très haut placés, de ne pas entreprendre la moindre action contre certains de leurs compatriotes sur le sol américain. Au vu de ces éléments, les autorités turques ou américaines, ainsi que leurs services de renseignement, possédaient-elles des informations crédibles sur un danger menaçant la vie de Jamal ? Je ne saurais le dire de façon formelle en tout cas. Mais il est « raisonnable » de conclure que le dissident le plus en vue d'Arabie saoudite faisait partie de celles et ceux menacés par les autorités de Riyad.

Deux procédures judiciaires ont été ouvertes aux États-Unis par l'Open Society Foundations[1] (OSF) et le Comité pour la protection des journalistes.

1. Créé en 1979 par le milliardaire et philanthrope américain George Soros, ce réseau de fondations a pour objectif de promouvoir la gouvernance démocratique, les droits de l'homme et des réformes économiques, sociales et légales.

Tous deux ont voulu prendre connaissance de ce que la CIA savait avant que Jamal se fasse tuer, de tous les renseignements qu'elle avait accumulés avant le meurtre du journaliste, pour essayer de déterminer si les services américains avaient failli à leurs obligations. De mon côté, je n'ai pas trouvé la preuve que Jamal s'était rendu en Turquie la peur au ventre. Personne ne m'en a parlé. Certains de ses amis ont cependant hurlé quand ils ont découvert les circonstances du drame : comment avait-il pu accepter d'entrer à l'intérieur du consulat ? Jamal n'était pas un casse-cou. Il était précautionneux. Il disait très clairement qu'il ne pouvait pas rentrer dans son pays, que Mohammed ben Salman était dangereux. Il savait sa vie en danger en Arabie saoudite, mais pas à l'extérieur du royaume. Il se trompait.

Chapitre 4

« Mon Dieu, s'il vous plaît, ne me l'enlevez pas »

Le calvaire de Shelemena

Deux ou trois bus bondés arrivent et se garent à l'entrée du camp de réfugiés. Nous sommes en juillet 1992. Il y a quelques jours, j'ai atterri au Malawi pour un premier séjour de trois mois, dans le cadre de mon doctorat. D'un des bus, des passagers descendent le corps d'un petit garçon. Les parents, les frères et sœurs, dévastés, pleurent. Cette scène est encore gravée dans ma mémoire aujourd'hui – elle introduit ma thèse, sous une forme fictive, plus à même de retranscrire ce que de nombreuses femmes réfugiées m'avaient alors fait éprouver. Je peux encore la voir, la ressentir : la douleur de la famille, la peine dans les yeux de tous, mes propres larmes que je cherche à cacher, par respect pour toutes ces personnes qui ont vécu et enduré tellement d'horreurs. Je suis alors très peu expérimentée. Comment me positionner avec justesse face au chagrin, à la peine, aux peurs ?

Shelemena me confie son histoire : dans la nuit du 5 juillet 1992, elle, son mari et leurs enfants se sont enfuis de leur village mozambicain, attaqué la veille. Plusieurs villageois ont été tués. Personne ne savait avec certitude si les agresseurs étaient des soldats du Frelimo ou de la Renamo. De plus, le jardin de la famille n'avait presque rien produit cette année à cause de la sécheresse, et les rares légumes épargnés par le manque d'eau et six ans de guerre avaient été volés par les soldats de la Renamo. Alors, cette nuit-là, la famille a décidé de fuir vers le Malawi en quête de sécurité et de nourriture. Ils ont marché jour et nuit, et le matin du 7, ont atteint le camp de réfugiés de Mankokwe dans le district de Chikwawa au Malawi. Mais le camp était plein. S'ils voulaient de la nourriture, ils devaient se rendre dans un autre camp appelé Lisongwe.

Alors, cinq jours après avoir échappé à la violence, Shelemena et sa famille sont montés à bord d'un bus bondé et surchauffé en direction de Lisongwe. Ils voyageaient depuis quelques heures quand, soudain, quelques sièges derrière eux, une femme s'est mise à crier et à pleurer. Son enfant, son petit garçon, était mort de la chaleur et du manque d'eau. Shelemena a embrassé son dernier-né et tiré Benjamin, son enfant de 4 ans, pour le rapprocher d'elle. Lui non plus ne se sentait pas bien. « Mon Dieu, s'il vous plaît, a-t-elle prié, ne me l'enlevez pas. »

Une fois arrivée à destination, Shelemena a hésité avant de descendre du bus. La scène devant ses yeux était effrayante : des centaines d'hommes, de femmes et d'enfants, entassés autour du centre d'accueil, en haillons, étaient assis à même le sol poussiéreux, assoiffés, affamés. Mais les gens derrière elle poussaient… alors Shelemena et sa famille sont finalement descendus et se sont assis avec les autres. Sa voisine immédiate, une femme sympathique et bavarde, a expliqué que la distribution et l'enregistrement avaient été retardés, mais étaient « en route ».

Et en effet, le lendemain matin, Shelemena et son mari ont reçu de la nourriture, des pots, des couvertures et des matériaux de construction, et une petite parcelle où ils devaient construire leur hutte. Shelemena a regardé autour d'elle : cet étrange endroit sec et surpeuplé appelé Lisongwe allait devenir leur nouveau domicile. Pour combien de temps ? Quand reverrait-elle son petit village là-bas, au Mozambique ?

L'empathie, ça s'apprend

En me remémorant le témoignage de Shelemena, je crois me souvenir que je suis alors, à 28 ans, capable de moins d'empathie qu'aujourd'hui. L'empathie est un phénomène complexe à appréhender. On ne peut littéralement pas se mettre à la place d'une femme qui a été violée des dizaines de fois entre sa maison et le camp de réfugiés où je lui parle désormais. Je lui pose des questions, elle me répond, je prends des notes ; j'ai de la peine pour elle, bien sûr, mais est-ce de l'empathie ? La compassion peut venir sans y réfléchir ; l'empathie, elle, est plus réfléchie, elle vient pas à pas, en côtoyant les autres. C'est à leur contact que je suis arrivée à comprendre ce que les gens pouvaient ressentir et à m'en imprégner, en lisant, en observant, en écoutant sur le terrain, en parlant, en apprenant de celles et ceux qui ont étudié la psychologie, le travail social… Les témoignages s'accumulent, les morts s'ajoutent les uns aux autres, et la douleur est toujours plus grande. Moi qui suis très normative, très positiviste, je me suis construite professionnellement et humainement ainsi. Et finalement, au-delà de la compassion, de la colère, du sentiment d'injustice que j'ai toujours ressentis, je suis arrivée à accéder à l'empathie.

À la rencontre des réfugiés

Pour avancer dans mes recherches, comprendre les relations entre les migrants et les populations locales ainsi que les impacts de l'aide apportée sur la population, je dois choisir un camp de réfugiés. Médecins sans frontières, très présent dans le pays, me permet rapidement de m'installer dans une de ses missions, non loin de la frontière mozambicaine. Accompagnée de jeunes interprètes, je pars à la rencontre des réfugiés pour récolter leur témoignage. Je joue avec les gamins – parfois de la guitare –, je parle avec les mamans, les chefs de camp. J'étudie le marché : ce qui y est vendu, ce qu'on y achète. Les réfugiés revendent-ils les produits qu'ils ont reçus pour obtenir du cash ? Qui achète quoi ? Puis je me rends dans les villages alentour et j'interviewe une personne toutes les cinq maisons. Comment les villageois considèrent-ils les réfugiés, quelles sont leurs relations avec eux ? Avec mon interprète, nous parcourons la campagne à pied, parfois sur des routes, parfois en traversant des rivières où se cachent des crocodiles. Il arrive que nous tombions nez à nez avec des militaires armés, agressifs et soûls la plupart du temps, qui exigent des cigarettes. Je discute avec eux, je cherche à détendre l'atmosphère et bien sûr je leur offre mes cigarettes. Je sais bien que les choses peuvent déraper à tout moment, mais je ne suis pas toute seule. Et, chaque fois, ils prennent mes cigarettes et repartent comme ils sont arrivés.

Étrangement peut-être, je me sens bien là-bas, sans pour autant imaginer faire carrière dans l'humanitaire. Il me faudrait bien plus d'expérience : je ne suis pas médecin, je ne sais pas calculer combien de camions et d'eau il faut pour tel camp ni comment faire avec les excréments. Des questions cruciales qui ne relèvent en rien de mes compétences. Mais je me passionne pour ce que je fais, pour les gens que je rencontre.

Au moins 20 000 personnes vivent dans le camp que j'étudie. Je me rappelle parfaitement certaines d'entre elles : Benjamin, ce petit garçon rejeté par sa famille auquel je m'étais attachée, qui souffrait de malnutrition et qui venait régulièrement au centre pour enfants ; Emmanuel et sa famille, qui ont décidé de changer les règles du jeu et m'ont interviewée ; Langton, le professeur d'anglais du camp de Chifunga, et sa petite école.

Mes cahiers se remplissent de drames. Je ne suis pas la seule, loin de là, à être confrontée à ces horreurs. Tout le personnel de MSF y a droit. Le soir venu, nous dînons tous ensemble et nous parlons, en particulier des personnes qui nous ont le plus touchés. D'histoires qui se répètent trop souvent. De notre impuissance à changer les choses en profondeur, à répondre aux attentes trop grandes et trop nombreuses. J'apprécie ces moments de parole libre où les traumatismes et notre peine se partagent et deviennent moins lourds. Nous passons aussi de bons moments. Ces missions, si intenses soient-elles, n'empêchent pas l'amitié, l'humour. Et de fumer une cigarette de temps en temps pour évacuer le stress.

Retour au Malawi : le camp de Luwani

Quand je reviens au Malawi l'année suivante, en 1993, pour un nouveau trimestre, la situation sur le terrain a changé. En 1992, j'étais toujours sur mes gardes ; les « espions » et la censure étaient partout, m'avait-on avertie. Reflet de la répression du président, de sa paranoïa, les journaux étrangers étaient découpés aux ciseaux pour y retirer les articles jugés trop critiques, et les kiosques vendaient des dentelles de papier journal. Mais la dictature touche à sa fin : elle ne peut plus bénéficier de l'assistance des régimes blancs d'Afrique du Sud et du Zimbabwe. Le rôle qu'elle a joué dans la guerre froide et l'aide qu'elle a apportée aux puissances occidentales dans la lutte contre le communisme sont devenus inutiles depuis la chute du mur de Berlin. Les pressions s'accentuent et la présence des réfugiés mozambicains n'a pas permis au président Banda de négocier sa survie. Alors, en 1993, il est acculé à organiser un référendum qui met fin au système de parti unique.

Je participe à ce premier moment de liberté démocratique en me portant volontaire pour surveiller un bureau de vote près de Lilongwe. Le moment est extrêmement émouvant : le premier vote libre dans ce pays ! De longues files d'attente se forment très tôt, accueillant des femmes et des hommes dans leurs plus beaux habits. J'ai en mémoire cette vieille femme qui s'était levée avant le soleil pour rejoindre le bureau de vote. Originaire d'un village éloigné et pauvre, elle avait mis ses habits de fête et marché pendant des heures. Elle était fière. Elle était heureuse. Je me rappelle son sourire mais aussi le sérieux, presque solennel, qu'elle a apporté à ce moment, quand elle a déposé son bulletin dans l'urne. J'en ai eu les larmes aux yeux. L'image de cette femme continue de m'accompagner, notamment certains jours d'élections où il m'arrive de me demander, en tant que citoyenne française, à quoi tout cela rime. Qu'est-ce que le résultat va changer ? À chacun de ces moments, je me tourne vers ce souvenir. Et je ne perds jamais de vue le privilège que demeure le droit de vote.

Lors de ce deuxième voyage, je me concentre sur un camp qui vient d'être créé près de Lisongwe, Luwani, pour étudier la différence entre un camp en place depuis un an et demi et un autre à peine installé. Le premier est presque devenu une petite ville ; les gens vaquent à leurs occupations, y célèbrent des fêtes. Le deuxième est encore en situation d'urgence ; l'économie ne fonctionne pas, les activités des uns et des autres sont encore très aléatoires.

Le conflit étant terminé et l'accord de paix signé, je décide de m'intéresser aussi au retour des réfugiés chez eux et à leur réinstallation. Je me rends dans la province de Tete, de l'autre côté de la frontière avec le Malawi. Le pays sort à peine de la guerre et peu de choses tiennent encore debout : immeubles pilonnés et délabrés, plus de réseau d'eau potable... En fin de compte, je dois abandonner l'idée de suivre des réfugiés qui retournent chez eux. Je continue mes recherches en m'intéressant aux villages et aux villageois, en les interviewant. Je visite les coopératives, pour voir si la production agricole a augmenté pendant la période où les réfugiés étaient présents, dans la mesure où il y avait plus de main-d'œuvre. Leur présence a redynamisé l'économie de subsistance locale. Les réfugiés ont fourni une main-d'œuvre bon marché tout en générant des demandes pour les produits locaux. Le commerce s'est intensifié. Des facteurs structurels et politiques a priori négatifs, notamment l'insuffisance du contenu du panier alimentaire des réfugiés, le détournement de l'aide alimentaire et une économie locale dominée par le secteur de subsistance, ont donné naissance à un système commercial florissant. Le commerce entre les réfugiés et les populations locales a accéléré le processus de stratification sociale au sein du camp et des villages. Les bénéficiaires principaux sont les hommes ayant la plus longue durée de séjour au Malawi, les paysannes et paysans locaux ayant accès aux terres humides ; les victimes potentielles sont les enfants et les femmes réfugiés.

Résilience

La situation que je trouve sur place est bien moins pire que ce que j'avais envisagé. Les camps, en quelques mois, se sont transformés grâce à l'aide internationale. Des dynamiques d'exploitation se sont mises en place rapidement, entre refugiés mais aussi entre ces derniers et les populations locales. Quant à la corruption, elle prend des formes nouvelles ou perdure dans sa forme initiale. Les phénomènes que j'observe chez les personnes que je croise portent plusieurs noms, mais au moins l'un d'entre eux m'accompagne jusqu'à maintenant : la résilience. Cette capacité des gens à refaire, à reconstruire, à rebâtir.

La résilience que j'observe et étudie au Malawi et dans les camps est en partie collective. Elle demande une impulsion de l'extérieur, sans laquelle la seule résilience que l'on pourra trouver sera exceptionnelle. Cette impulsion, au Malawi, est venue d'une assistance qui n'était pas toujours à la hauteur en matière de quantités, mais qui, conceptuellement et du point de vue des politiques, a cherché à intégrer la population locale. À l'époque, la communauté internationale teste de nouvelles méthodes d'assistance qui consistent à mieux intégrer les populations locales et les réfugiés, à adopter une approche plus globale qu'on appelle en anglais « *refugee assistance and development* ». L'idée est de voir comment l'assistance peut devenir un moteur de développement économique et social.

Gérer ses émotions

La situation humanitaire n'en reste pas moins urgente pour autant. Et quand cette urgence survient, il faut agir et ne pas se laisser déborder par ses émotions. Il n'y a jamais assez à manger pour toutes les personnes qui dépendent de l'assistance alimentaire, et toujours trop de gens dans le besoin qui vont mourir de faim et qu'il faut nourrir vite. Au bout de quelques mois, la situation se stabilise, mais la malnutrition, les détournements de nourriture comme les inégalités au sein des membres d'une même famille demeurent.

On me demande régulièrement comment je reçois la violence des récits des personnes que je croise, qui débarquent dans le camp après avoir fui et vécu de telles horreurs. Je réponds souvent ceci : je me souviens toujours des tragédies que les gens racontent, de ce qu'ils ont fui, ce qu'ils ont perdu. De la violence inouïe de leurs récits. Les attaques et les meurtres quotidiens, les viols répétés, les enfants qui se perdent au cours de la fuite, la perte du lopin de terre cultivé avec tellement de soin – les réfugiés me racontent dans le détail ce qu'ils y cultivaient avant les attaques ; la vie d'avant. Mais, avec les expériences, les erreurs, on apprend. Personnellement, je ne me suis pas construit une carapace. Mais j'ai appris à contrôler certaines émotions lors de ces rencontres et de mes entretiens. On essaie de ne pas pleurer. Ce n'est pas à nous de pleurer. Nous pouvons prendre les personnes dans nos bras, leur tenir la main, leur dire combien nous sommes désolés. Je ne juge pas celles et ceux qui pleurent, mais moi, j'essaie de retenir mes larmes. Ce sont les personnes que j'interroge qui ont vécu des violences, pas moi : réfugiées, forcées de quitter leur pays, elles ont vécu des attaques des forces gouvernementales, subi les tueries de groupes armés, elles se sont enfuies avec leurs gamins sous les bras, en courant, pour échapper à la mort et aux viols, notamment les femmes. Je suis là pour les écouter, rendre compte. Bien sûr que je suis bouleversée. Ce qui m'a toujours le plus touchée, ce sont les récits que font les parents de la mort de leurs enfants. La douleur de ce deuil, quel que soit le pays, n'est pas une douleur habituelle, on ne s'y habitue jamais, elle est d'une intensité incomparable, elle incarne ce qui ne devrait pas arriver. L'amour des parents pour leurs enfants, où que j'aille, je l'observe partout. Et c'est toujours pour moi le point sensible, celui où je suis le plus proche de craquer, la douleur que je ressens le plus profondément. La mort d'un enfant est par essence bouleversante, mais la douleur des parents, des frères et sœurs est pire encore. Cette détresse est indescriptible.

Finalement, ma thèse a été beaucoup plus pluridisciplinaire que le protocole ou les pratiques de l'université l'auraient sans doute demandé : j'ai inséré de la littérature africaine et en particulier du Malawi, de la poésie, de vieilles fables et des contes, et même mes propres textes de fiction… C'était pour moi la meilleure approche, la seule en fait, qui puisse capturer ce que j'avais découvert, analysé, théorisé.

Et que je souhaitais partager.

Chapitre 5

« La vérité triomphe toujours, l'histoire s'en souviendra »

« J'ai réalisé que nous avions probablement accompli quelque chose d'important »

J'ai écrit mon rapport sur le meurtre de Jamal Khashoggi – une centaine de pages – en un mois, après plus de quatre mois d'enquête. L'aboutissement d'une centaine d'interviews, menées en Turquie, le lieu du crime, mais aussi à Washington, Paris, Londres, Bruxelles, Berlin et Ottawa. Face aux affirmations des Saoudiens, selon lesquels l'opération aurait été conçue par des éléments incontrôlés, à l'insu de Mohammed ben Salman, « MBS », mon équipe et moi avons accompli un travail considérable. Jusqu'à présent, personne n'a rien trouvé à redire au texte dont chaque page ou presque apporte des éléments concordants quant à la responsabilité des autorités saoudiennes. Je voulais vraiment publier un bon rapport pour que les proches de Jamal, comme Hatice Cengiz, puissent savoir qu'il y a au moins eu quelques personnes qui ont œuvré pour eux. Pas seulement les journalistes qui ont écrit sur ce drame, mais aussi quelqu'un comme moi, représentant une institution internationale telle que les Nations unies.

Quand le rapport a été publié et que j'ai vu les réactions dans les médias du monde entier, j'ai réalisé que nous avions probablement accompli quelque chose d'important. « Mise en cause du prince héritier saoudien Mohammed ben Salman, appel à l'imposition de sanctions contre lui, demande d'ouverture d'une enquête internationale : le rapport de l'experte onusienne Agnès Callamard sur l'assassinat du journaliste et dissident saoudien Jamal Khashoggi, éliminé le 2 octobre 2018 par des agents du royaume à Istanbul, est de ceux dont les autorités de Riyad se seraient volontiers passé », écrit Benjamin Barthe dans *Le Monde* le 19 juin 2019.

Dans un entretien accordé au site d'information Orient XXI, j'affirme que « l'opération contre M. Khashoggi doit être comprise en relation avec une campagne organisée et coordonnée contre des journalistes, des femmes activistes, des princes et des hommes d'affaires. Au minimum, le prince héritier a cautionné ce comportement et permis la répétition et l'escalade de ces crimes. Il n'a pris aucune mesure pour prévenir ou punir les responsables. Il a volontairement pris le risque que d'autres crimes, tels que l'assassinat de M. Khashoggi, soient commis, qu'il ait ou non ordonné directement le crime en question ». Mon rapport appelle la communauté internationale à mettre MBS sous sanction, en gelant notamment ses avoirs personnels à l'étranger, « jusqu'à ce que la preuve de sa non-implication dans cette exécution soit apportée et corroborée ». Sachant que rien n'interdit de sanctionner des individus occupant des positions comme celle du prince héritier.

Mon rapport insiste aussi sur le fait que la scène du crime, à laquelle la police turque n'a pu accéder que le 15 octobre, « a été nettoyée intégralement, de manière médico-légale, par des responsables saoudiens envoyés spécialement dans ce but en Turquie par leur gouvernement. Cela indique que l'enquête saoudienne n'a pas été conduite de bonne foi et qu'elle peut constituer une obstruction de justice ». Je sais qu'il n'est attaquable sur rien, ni sur la base de notre connaissance des faits, ni sur celle de notre bonne foi ou du droit international. On peut en revanche l'interpréter de différentes manières. Je le dis de façon très claire dans certaines parties du rapport : ma conception de ce point-là du droit international n'est pas consensuelle. Par exemple, le crime contre Jamal correspond-il à la définition d'un crime international qui pourrait tomber sous le coup de la juridiction universelle ? Je dis oui ; beaucoup diraient probablement non.

Je l'ai écrit, je l'ai dit, aussi pour Hatice. Elle connaît toute l'histoire dans les moindres détails. J'étais à ses côtés à Genève en juin 2019 quand j'ai remis mon rapport et qu'elle s'est exprimée devant les Nations unies. « Je m'appelle Hatice Cengiz, je me présente à vous en tant que victime, au titre qui m'est imposé à la suite du meurtre de mon Jamal. Jamal et moi serions aujourd'hui mari et femme. Ne pas punir les meurtriers de Jamal nous affecte tous. C'est une atteinte à la démocratie, aux droits de l'Homme, à la liberté. Monsieur le président, la vérité triomphe toujours, l'histoire s'en souviendra. S'il vous plaît, agissez. Merci. » Les preuves rassemblées démontrent bien que l'assassinat a été supervisé, organisé et soutenu par des officiels haut placés, ce qui justifie la conduite d'une enquête concernant le prince héritier d'Arabie saoudite et son conseiller principal Saoud al-Qahtani. Mais ce jour-là, quand Hatice a pris la parole, les deux représentants saoudiens se sont levés et ont quitté la salle. Une dernière insulte à la mémoire de son amoureux, tué par des hommes armés quand lui, le journaliste, n'avait sur lui que son stylo. Lui qui venait seulement retirer un formulaire pour pouvoir épouser sa fiancée.

« Donner aux familles, aux amis, un moyen de faire leur deuil »

Dans un court rapport publié le vendredi 26 février 2021, les services de renseignement américains ont confirmé ma thèse et affirmé que Mohammed ben Salman a « validé » l'assassinat de Jamal. « Nous sommes parvenus à la conclusion que le prince héritier d'Arabie saoudite, Mohammed ben Salman, a validé une opération à Istanbul, en Turquie, pour capturer ou tuer le journaliste saoudien Jamal Khashoggi », écrit la direction du Renseignement américain dans ce document de quatre pages que Donald Trump avait gardé secret mais déclassifié à la demande du président Joe Biden. « Le prince héritier considérait Khashoggi comme une menace pour le royaume et plus largement soutenait le recours à des mesures violentes si c'était nécessaire pour le faire taire », ajoutent les Américains.

Cependant, il peut arriver que la justice au sens propre du terme ne soit pas rendue. Mohammed ben Salman n'a pas (encore, du moins) comparu devant un tribunal. Mon rapport exprime le regret qu'aucun organisme international ou État tiers ne soit intervenu pour négocier un accès plus rapide au consulat saoudien. Comme le souligne Benjamin Barthe dans son article du *Monde* : « “À la place, il semble que les États n'aient pris en considération que leurs intérêts”, écrivent les enquêteurs, en référence aux nombreux liens, économiques et stratégiques, qui relient l'Arabie saoudite aux principales puissances occidentales. La rapporteure regrette aussi que les Nations unies aient “considéré qu'elles n'avaient pas les moyens d'intervenir ou aient choisi de ne pas intervenir”, une pierre lancée dans le jardin d'António Guterres, le secrétaire général de l'ONU. Le rapport s'indigne du fait que les cinq membres permanents du Conseil de sécurité de l'ONU et la Turquie, qui ont dépêché des représentants au procès du commando d'Istanbul, aient accepté, à la demande de Riyad, de ne rien révéler sur cette procédure. "L'institution du Conseil de sécurité s'est rendue complice de ce qui pourrait bien être une erreur de justice." »

Mais des personnalités aussi puissantes que le prince peuvent devenir prisonnières des faits, prisonnières de la vérité. « Il existe des éléments de preuves crédibles justifiant une enquête supplémentaire sur la responsabilité individuelle des hauts responsables saoudiens, y compris celle du prince héritier[1]. » La vérité se trouve dans les documentaires qui ont été réalisés, comme celui de Bryan Fogel, dans les articles qui ont été écrits, les livres qui ont été publiés et continuent de l'être. Cette vérité emprisonne et empoisonne la vie de ceux qui sont tenus pour responsables de ces violations et de cet assassinat. Il est important de reconnaître les faits, de donner aux familles en particulier, aux amis, un moyen de faire leur deuil.

Ce qui ne signifie pas qu'il faille arrêter le combat. S'il existe un moyen de traduire les coupables en justice, continuons. Mais c'est aussi un moyen de ne pas être otage de systèmes judiciaires déficients ou partiaux, ou qui n'ont pas les capacités de rendre la justice. Le fait que ces personnes se retrouvent mises au ban de la société, qu'il existe des sanctions sociales,

1. *Le Monde*, 19 juin 2019.

individuelles, économiques, politiques, compte. Les paroles se libèrent tôt ou tard, permettant à d'autres de chercher une justice plus formelle. La justice ne prend pas toujours la forme d'une décision prononcée par un tribunal. Dans un pays où l'on sait qu'elle ne peut pas être rendue, il est possible de prendre des mesures culturelles, diplomatiques, politiques qui font également partie du processus. Pour rendre hommage. Par exemple en s'attaquant à la réputation d'une personne, à l'image de marque d'un pays, d'une entreprise ou du prince héritier d'Arabie saoudite.

Pour lutter contre ce qui se passe en Chine avec les Ouïgours, il n'y a à l'heure actuelle pas d'autre moyen d'action que de demander aux consommateurs de boycotter les entreprises qui pourraient avoir recours au travail forcé des populations concernées. Cette stratégie est très importante. C'est une autre façon de rendre justice à ce peuple. Je ne dis pas que je rejette la recherche de réponses judiciaires. Je dis qu'il ne faut pas s'enfermer dans un système judiciaire que l'on sait incompétent ou dépendant des autorités politiques. Demander que cette seule autorité rende justice est ridicule et voué à l'échec.

Comment rendre justice ?

Disons les choses clairement : laisser la recherche de la vérité entre les mains de la justice saoudienne, tellement éloignée du respect des principes fondamentaux de l'État de droit, est impossible. Cela reviendrait à renoncer à cette quête de vérité. Ce serait aussi un coup porté à la justice pour beaucoup d'autres en Arabie saoudite et dans le monde. Les graves implications d'un tel crime vont bien au-delà de l'autorité d'un tribunal saoudien. Dans mon rapport, j'ai détaillé plusieurs options pour que justice soit rendue.

Dans le cas de la mort de Jamal, il n'existe pas d'institution internationale qui puisse statuer. La Cour pénale internationale ou la Cour internationale de justice n'ont pas été mandatées pour juger d'un cas individuel de cette nature. Pour qu'il soit jugé par la Cour pénale internationale, il faut qu'un crime relève du crime de guerre ou contre l'humanité. Ce qui n'est pas le cas. Cet assassinat n'entre pas non plus dans le champ de compétences de la Cour internationale de justice, qui ne gère que les crimes d'État à État. Il aurait donc fallu créer un tribunal spécial pour juger les faits commis contre Jamal.

J'ai recommandé que l'ONU se dote d'un instrument international mandaté pour mener des enquêtes criminelles sur les assassinats ciblés de journalistes et de défenseurs des droits humains. Un tel instrument pourrait soutenir les enquêtes et les poursuites menées par les États, ou entreprendre des enquêtes cherchant à établir les responsabilités d'un État et celles d'individus. J'ai fondé ma proposition sur le modèle du mécanisme international d'enquête impartiale pour la Syrie et le Myanmar. Un tel instrument permanent éviterait la paralysie vécue dans le cas de l'assassinat de Jamal. De nombreuses ONG et certains États cherchent maintenant à convaincre le plus d'États possible de mettre en place un tel mécanisme. J'espère qu'ils y parviendront et qu'il disposera du mandat nécessaire pour permettre des enquêtes non seulement sur les crimes de masse, mais aussi sur les assassinats ciblés et les disparitions.

J'ai aussi exhorté les États membres à se saisir de ce dossier. Aux États-Unis, jusqu'en 2023, plusieurs affaires ont été traitées en vertu du droit civil et pénal, contre Mohammed ben Salman et d'autres, tous impliqués dans l'assassinat de Jamal. Les institutions judiciaires américaines ont pu se saisir de l'affaire dans la mesure où le journaliste était résident américain, qu'il avait de la famille dans le pays et que le crime a probablement des racines ou des liens avec les États-Unis. Malheureusement, au mois de novembre 2022, l'administration Biden, celle-là même qui avait juré de rendre justice à Jamal, a décidé que MBS, nommé Premier ministre par son père, bénéficiait désormais de l'immunité attribuée aux chefs d'État, mettant dès lors un terme à toute poursuite pénale contre lui aux États-Unis.

De leur côté, les juridictions européennes ne peuvent établir de liens juridiques avec Jamal. Il faudrait donc qu'elles interviennent en vertu du principe de compétence juridique universelle.

Jusqu'à présent, l'Europe a largement échoué à explorer ce qui pouvait être fait pour que les assassins et ceux qui ont organisé la mort de Jamal soient traduits en justice. Dans mon rapport, j'ai suggéré que l'assassinat constituait un crime international relevant des paramètres de la compétence universelle. La jurisprudence et les pratiques judiciaires à travers le monde laissent à penser qu'un meurtre isolé prémédité par l'État, aussi horrible que puisse être l'exécution de Jamal, ne « choque pas l'humanité », et donc qu'il n'atteint pas le niveau de gravité requis pour le considérer comme un crime international. Dans mon rapport, je propose une autre approche.

Comme je l'ai expliqué, à mon sens, il n'existe aucun argument juridique valable selon lequel un crime isolé est jugé moins grave ou moins choquant que plusieurs. En fin de compte, la « gravité » concerne également des considérations éthiques et politiques. Les gouvernements, les Parlements et les autorités judiciaires ont utilisé leur pouvoir discrétionnaire, y compris celui des procureurs, pour déterminer les crimes relevant de leurs juridictions respectives qui sont considérés comme « internationaux ». Il n'y a pas de consensus mondial sur ce qui constitue un crime international, à l'exception des crimes de guerre ou contre l'humanité, du génocide et du crime d'agression. Les pays ont inclus d'autres crimes, distincts d'une juridiction à l'autre. Donc, juridiquement parlant, je ne vois aucune raison de ne pas considérer l'assassinat de Jamal comme relevant du principe de compétence universelle.

Reporters sans frontières (RSF), sous la direction de Christophe Deloire, a osé porter plainte en

Allemagne contre l'Arabie saoudite. Les avocats ont détaillé et démontré la répression politique systématique dans le pays des journalistes, dont trente-trois sont détenus arbitrairement, et l'assassinat de Jamal. Dans sa plainte de cinq cents pages, RSF insiste sur l'application du cadre des crimes contre l'humanité à de tels crimes. Cette plainte sera examinée et évaluée par une justice allemande indépendante.

« Ses rêves sont toujours vivants »

Au niveau mondial et du point de vue des principes, je suis d'avis que prendre des mesures plus fortes, s'opposer avec beaucoup plus de vigueur à un ou plusieurs crimes en temps de paix, notamment en arguant et en démontrant qu'ils répondent aux critères des crimes contre l'humanité, est peut-être la meilleure façon d'empêcher d'autres massacres.

Appliquer le principe de compétence universelle à un seul crime odieux, revendiquer la justice universelle pour les journalistes d'Arabie saoudite, revient à leur offrir la meilleure protection possible, non seulement à eux mais aussi aux journalistes et à d'autres personnes du monde entier. Jamal a osé rêver de dignité pour son peuple, son pays et sa région. Il a imaginé des moyens d'étendre la démocratie au Moyen-Orient. Il rêvait d'une plateforme pour les voix arabes, de la création d'un forum international indépendant, isolé de l'influence des gouvernements nationalistes répandant la haine par la propagande. Avec ses amis, il a planifié de nouveaux projets pour contrer la propagande d'État en ligne.

Ses rêves sont toujours vivants.

À nous de soutenir celles et ceux qui osent rêver et faire face à la corruption, à la force brutale. À nous de leur offrir la protection dont ils ont besoin. À nous de prendre la parole lorsqu'elles ou ils ne le peuvent plus, ou lorsque des dangers les menacent – l'emprisonnement, ou pire. À nous de tenir tête aux puissants qui les intimident, où qu'ils soient, dans notre pays ou ailleurs. À nous d'utiliser tous les privilèges dont nous disposons – de genre, de classe, de citoyenneté, d'argent, d'influence, de réseaux – et de tout mettre en œuvre pour que le silence soit brisé, pour que l'indifférence soit chassée, pour que la peur soit surmontée. C'est aussi cela, rendre la justice.

Jamal fait désormais partie de mes morts, de cette cohorte qui m'accompagne, parfois me précède. En vingt-huit ans d'investigations, je suis devenue cette femme qui pose toujours des questions, cette femme, aussi, qui essaie de ne rien montrer de ses émotions. Mais qui pleure, à l'intérieur. Escortée des fantômes intimes, chaque jour plus nombreux, qui ne me quittent pas.

C'est mon fardeau. Mon devoir.

Chapitre 6

Les « droits humains » et non « de l'homme »

Embauchée à Amnesty International

C'est le début de l'été 1995. Seule dans ma chambre à Toronto, totalement déprimée, je pleure. Je rentre de Londres où j'ai passé des entretiens au siège d'Amnesty International, qui recrute des chercheurs spécialisés dans l'Afrique centrale et australe, notamment dans les mouvements de réfugiés. N'ayant aucune nouvelle, je suis persuadée que je n'ai rien obtenu. Et donc je pleure, quand soudain le téléphone sonne. David, d'Amnesty, m'annonce qu'ils me proposent le poste de coordinatrice des recherches. Deux mois plus tard, j'emménage à Londres.

Je travaille au sein d'un trio très sympathique, dont David est le responsable. Nous souhaitons mettre en place des méthodologies sur de nouveaux sujets, installer Amnesty dans de nouveaux thèmes tout en développant ses positions sur les conflits armés et les droits des femmes, questions que l'organisation n'a pas encore creusées à l'époque.

Amnesty n'intervient en effet pas dans tous les domaines. La pauvreté ne fait par exemple pas partie des thèmes abordés, au nom du respect d'un mandat développé au cours des vingt précédentes années et qui répondait, consciemment ou non, à une division politique du monde : d'un côté, les droits politiques et civiques prônés par le bloc occidental ; de l'autre, les droits économiques et sociaux défendus par le bloc socialiste. La guerre froide est en train de prendre fin, mais cette division lui survivra. Et, pour Amnesty, il est temps de réfléchir un peu plus à ses dogmes, à sa bible et aux tables de la loi.

En 1995, quand je suis embauchée, le secrétaire général est Pierre Sané, de nationalité sénégalaise. Ce qui vient de se passer au Rwanda le révulse. Or Amnesty n'a rien eu à dire, parce qu'il s'agissait d'un conflit armé. Pour lui, cette position n'est plus tenable. L'autre sujet sensible concerne Nelson Mandela, emprisonné en Afrique du Sud durant vingt-sept ans jusqu'en février 1990, qu'Amnesty n'a jamais déclaré prisonnier de conscience parce qu'il n'avait pas rejeté la possibilité d'utiliser la violence.

Modifier le statut du viol

Nous nous mettons rapidement au travail. Avec d'autres collègues, nous prenons en charge le sujet du droit des femmes. Or certains cadres d'Amnesty ne saisissent pas bien l'urgence. À leurs yeux, à quoi bon se demander si certaines choses peuvent arriver spécifiquement aux femmes en cas d'emprisonnement ou d'arrestation ? Elles constituent une minorité des cas sur lesquels Amnesty travaille, reflet de la réalité du monde politique et public des années 1990. Nous nous attaquons en premier lieu au statut du viol : à cette époque, il n'est pas considéré comme un acte de torture, même quand il est commis par des policiers sur des prisonnières. Une détenue se fait torturer, c'est de la torture. Mais si elle est victime d'un viol, alors ce n'est plus de la torture, mais un crime sexuel ; une forme de délinquance. Toutes les organisations, y compris les Nations unies, dont son rapporteur spécial sur la torture, restent arc-boutées sur la même ligne : la recherche du plaisir sexuel motive le viol d'une femme, ce n'est donc pas un acte de torture en soi. Pour eux, on ne torture que pour extraire des informations. Nous devons donc nous battre pour remettre en cause cette conception du viol.

Les débats avec les éminents juristes et les experts en droits humains sont houleux : ils s'offusquent de nos propositions et refusent catégoriquement de prendre en compte l'évidence de l'utilisation du viol comme une arme pour effrayer, intimider, détruire. Nous devons convaincre les experts, les cours, les États pour que le viol soit reconnu comme une arme de guerre.

Il faut aussi reconsidérer entièrement les mises en cause des États. Le discours officiel sur cette question est le suivant : quand la police tue ou torture, mais ne viole pas, il en va de la responsabilité de l'État ; il s'agit d'une violation des droits. Mais quand des femmes sont battues à mort dans leurs maisons, quand elles sont violées par leur conjoint, il n'en va pas de même. C'est un homme « privé », un individu qui est l'auteur de ces actes. Il faut donc développer la notion de responsabilité de l'État dans le domaine privé, démontrer que s'il n'a pas pris les mesures nécessaires pour protéger les personnes, que ce soit au travail, dans la rue, chez elles, il est responsable. Il faut des obligations prévues par la loi, et développer les notions de diligence et d'obligation de protéger.

L'État doit assumer deux responsabilités majeures. D'une part, celle du respect : il ne peut pas tolérer que la police agisse mal, ne doit pas utiliser de balles ou d'armes à balles réelles contre des manifestants pacifiques, détenir des gens de façon arbitraire ni torturer les prisonniers parce que leur tête ne lui revient pas. D'autre part, la responsabilité de protéger : l'État doit faire adopter une loi contre les violences conjugales, faire en sorte que si les femmes viennent se plaindre de viols, la police et la justice aient les connaissances nécessaires pour pouvoir enquêter…

Violations des droits des femmes

Au sein d'Amnesty, faire prendre en compte ces considérations n'a rien d'évident : tenir l'État pour responsable d'événements concernant des individus dans la sphère dite privée est un véritable combat.

Je rédige d'abord plusieurs textes sur la façon de mener des recherches, des investigations, exploiter et récupérer des données sur les violations des droits des femmes. Je dis et redis pourquoi le viol commis par des représentants de l'État est bel et bien un acte de torture. Ces moments sont parfois très douloureux : nous sommes une petite poignée de femmes et quelques hommes à Amnesty qui militions en interne, ainsi qu'auprès des partenaires de longue date, afin de faire évoluer les choses. Mais le sexisme et le patriarcat sont vivaces ; l'incompréhension de mes collègues me désespère, et de grandes colères ou des moments de peine intense me secouent.

Remettons-nous dans le contexte de l'époque. On parle des droits de l'homme au sens propre du terme. L'homme et l'homme seulement, pas la femme, pas la personne humaine. Or cette masculinité m'a toujours absolument choquée. C'est un sujet sur lequel je travaille avec Pierre Sané, dans un rapport intitulé *Qu'y a-t-il dans un mot ?* : en m'appuyant notamment sur Bourdieu, je démontre que, finalement, l'expression « droits de l'Homme », avec ou sans majuscule au H, relève littéralement, au pied de la lettre, des droits de l'homme : des droits du *bonhomme*. J'explique dans ce texte qu'il faut changer la terminologie d'Amnesty en français, en espagnol, en italien, en allemand, dans presque toutes les langues excepté l'anglais qui parle des « *human rights* ». Cette résolution au sein d'Amnesty est débattue et acceptée en 1999 : du jour au lendemain, tous ses rapports évoquent les « droits humains », et cela perdure depuis. Je suis fière d'être à l'origine de cette révolution qui n'est pas que sémantique. Mais sans Pierre Sané, qui a beaucoup œuvré à Amnesty en ce sens, ces avancées n'auraient jamais eu lieu.

Cette révolution ne se déroule pas sans peine. Je dois porter plainte en interne contre un collègue masculin, un manager, pour ses propos outranciers teintés de misogynie. Lorsque je les reçois par email, je les garde pour moi. Pourquoi ? Je ne sais pas ce qui motive mon silence et mon inaction. Je suis interloquée, j'ai le souffle coupé. Je suis pourtant habituée à me battre : je fais face à un nombre incalculable de conflits en lien avec mon travail. J'estime peut-être que les propos de mon collègue ne sont pas si répréhensibles, en tout cas pas au point de demander à l'institution de réagir.

Sur le moment, je ne fais donc rien. Plusieurs semaines plus tard, dans le cadre d'une conversation sur un autre sujet avec une collègue responsable des ressources humaines, je me décide à lui montrer le message. Elle est si choquée qu'elle me demande d'agir immédiatement. Je me pense pourtant féministe, tout à fait avertie des formes que peuvent prendre le sexisme, la violence sexiste et le patriarcat. Et pourtant, je n'ai rien fait. Ces propos m'ont profondément touchée, mais je n'ai pas réagi. Je suis infiniment reconnaissante à cette professionnelle des ressources humaines qui, alors que nous étions en 1997 ou 1998, m'a expliqué qu'il était hors de question d'accepter le langage sexuel de mon collègue.

Se sont ensuivis une enquête, une décision en ma faveur, des excuses et, pour lui, une formation et un suivi. Le féminisme est un apprentissage. Comprendre, par le biais des lectures, des rencontres, des amies et des expériences dont on sort meurtrie, comment le patriarcat et la violence sexiste fonctionnent prend du temps. On ne naît bien sûr pas féministe. On le devient peu à peu. Chacun de nos silences et chacune de nos actions nous y amènent.

Les droits humains

À la suite de mon rapport, je rentre en France afin de provoquer d'autres changements. J'ai rendez-vous avec la section française d'Amnesty, avec qui nous rendons visite à la Ligue des droits de l'Homme (LDH). Au siège, nous sommes reçus par plusieurs personnes, uniquement des hommes. J'explique. Face à moi, un des responsables, que je ne nommerai pas, fou de colère, prend mon rapport et me le jette littéralement à la figure. Un des actes les plus violents auxquels j'ai dû faire face dans le cadre de mon travail.

Nous sommes en 1998. J'ai mené plusieurs missions sur le terrain : je me suis rendue au Yémen, en Ouganda, au Pakistan... Mais je n'ai jamais été traitée de cette façon-là. C'est scandaleux. Incroyable. Remettre en cause l'expression « droits de l'Homme » constitue pour lui un crime de lèse-majesté. Ils m'accusent de n'avoir rien compris à la Révolution française, de la remettre en cause, de ne pas comprendre que nous parlons de l'être universel. Je ramasse mon document. Je ne m'emporte pas, tant je suis interloquée. Nous ne restons pas longtemps, le dialogue se révélant impossible. Nous lui demandons de lire la raison pour laquelle nous remettons en cause cette appellation, de prendre en compte le fait que de nombreuses organisations font évoluer cette approche, et que nous aimerions que la LDH devienne « Ligue des droits humains ».

Plus de vingt ans après, la LDH s'appelle toujours la Ligue des droits de l'Homme, alors que des associations comme Amnesty, Human Rights Watch et bien d'autres ont opté pour les « droits humains ». Cette réticence sémantique est très française, il faut le dire. Il n'y a pas si longtemps, des diplomates belges ont lancé de petites piques lors de réunions internationales, c'était très drôle. J'ai assisté à l'une d'entre elles, par laquelle le ministre belge des Affaires étrangères s'est moqué de la France et de ce parti pris sémantique ridicule. C'est encore la France qui, au niveau des Nations unies, fait blocage et empêche que l'on cesse de parler des « droits de l'homme », avec un petit H qui plus est.

Cet entêtement me scandalise. Dans mes lettres en tant que rapporteuse spéciale, je me suis systématiquement refusée à utiliser cette expression avec un *h* minuscule. Quand je rédige en français des lettres destinées à des gouvernements francophones, je mets soit un H majuscule, soit « droits humains ». Au Haut-Commissariat aux droits de l'Homme notamment, tout le monde savait que je ne signais pas une lettre dans laquelle on trouvait « droits de l'homme » avec un *h* minuscule. Je ne vais quand même pas me battre pour les droits en utilisant un langage qui nie l'existence des femmes ! Malheureusement, ce n'est pas possible pour les rapports qui sont soumis au diktat des éditeurs ou traducteurs en français. À mon grand regret.

Chapitre 7

Mon travail sur le terrain

De ma prise de fonction à Amnesty en 1995 jusqu'en 2001, je suis confrontée à une succession sans fin de violences plus folles les unes que les autres, d'horreurs que les mots parfois ne peuvent décrire, quel que soit le pays : Pakistan, Kenya, Sénégal, Tanzanie, Ouganda, Yémen, Maroc, Inde et Zimbabwe. Je me concentre toujours sur les mêmes questions : la protection des droits humains, les violences faites aux femmes ou aux réfugiés, l'étude des victimes de conflits armés, les prisonniers, les personnes torturées, les disparus et les enfants soldats.

En formation au Pakistan

Ma première mission se déroule au Pakistan. C'est une formation et j'ai beaucoup de chance de la faire avec Angelika, qui deviendra mon amie plus tard. À l'époque, elle est la chercheuse responsable du Pakistan depuis quinze ans et a beaucoup d'expérience. C'est une chercheuse et analyste brillante.

Pendant les trois semaines que dure cette mission très intense, nous nous rendons à Karachi mais aussi à Hyderabad, situé dans la province du Sind. Hyderabad compte près de deux millions d'habitants. C'est la huitième ville la plus importante du pays. Depuis des années sévit un conflit armé, que nous souhaitons étudier. Alors que nous arrivons au local d'une association que nous avons identifiée, un monsieur vient nous parler. Il tient à la main une photo. Celle de son fils âgé d'une dizaine d'années qui, il y a six ou sept mois, a disparu sur le chemin de l'école. Sans doute a-t-il été tué, mais cet homme vient nous demander de l'aide pour le retrouver. Je ne l'oublierai jamais. Il est là, devant nous, nous demandant, nous suppliant presque de conserver cette photo, mais nous refusons : et s'il n'en a pas d'autre ? Que lui restera-t-il après notre départ ? Et surtout, comment rassurer ce monsieur désespéré par la disparition de son enfant ?

Il y a plusieurs conflits au Pakistan cette année-là, en campagne comme en ville. À Karachi, nous recevons l'autorisation d'interviewer un rebelle qui a été fait prisonnier par les autorités – Angelika dispose de tous les contacts nécessaires pour nous faciliter la tâche. Blessé par balles, le rebelle est encore hospitalisé. Je le revois torse nu, un bras menotté, entouré non pas de médecins mais de membres des forces de sécurité. Nous cherchons à nous assurer qu'il ne sera pas torturé. Nous demandons des garanties que nous obtiendrons. Peut-être seront-elles vraiment mises en œuvre. Il est malheureusement difficile de le vérifier : en garde à vue, la torture, y compris le viol, par la police et les paramilitaires est en effet généralisée et systématique.

Puis nous nous rendons à Lahore. Nous y rencontrons un homme qui milite contre l'esclavage dans les campagnes : les villageois, accumulant les dettes, deviennent plus ou moins des esclaves modernes. Certains activistes tentent de les libérer, mais une fois que les esclaves sont remis en liberté, ils n'ont plus rien et ne savent que faire ni où aller.

Durant toute la mission, nous nous entretenons avec des défenseurs des droits humains et des journalistes contre lesquels des accusations criminelles, destinées à punir ou à intimider, sont arbitrairement portées. Je garde en mémoire cette journée passée avec un défenseur exceptionnel, qui travaille pour la Commission des droits humains du Pakistan. Il mourra quelques mois plus tard dans un accident de voiture, dans des circonstances qu'Angelika a toujours trouvées suspectes. Nous passons plusieurs heures avec des représentants ahmadis, membres d'un courant religieux se réclamant de l'islam, mais considéré comme non musulman par les autorités depuis 1974. Nombre d'entre eux sont accusés de blasphème, passible de la peine de mort. En 1996, année de notre mission, quelque 120 ahmadis ont été inculpés de délits religieux. De telles accusations s'abattent aussi sur les chrétiens ou les chiites, soumis de plus à des actes de violence. Vingt ans plus tard, la situation s'est encore détériorée. Les attaques violentes et accusations de blasphème sont devenues monnaie courante.

Nous terminons cette mission en rencontrant le ministre pakistanais de l'Intérieur de l'époque, un homme fluet, aux jambes très maigres ; je me rappelle encore ses chaussettes de couleur vive qui lui tombaient sur les chaussures. Nous lui faisons part de ce que nous avons trouvé, de nos conclusions préliminaires sur les enquêtes que nous avons menées à Lahore, à Hyderabad, et auprès des minorités religieuses ; nous cherchons à entamer un dialogue, afin d'obtenir certaines promesses, certaines garanties, en particulier en lien avec les arrestations arbitraires et la torture endémiques. Le Pakistan est un pays extrêmement complexe, avec des provinces qui échappent largement au contrôle de l'État central, des services de renseignement omniprésents et dangereux, des familles qui détiennent le pouvoir – politique et économique – depuis des générations. On ne parle pas encore de « terrorisme islamiste » à l'échelle internationale, les attaques du 11 Septembre n'auront lieu que cinq ans plus tard. Le taliban est présent en Afghanistan mais n'est pas encore l'ennemi numéro un qu'il deviendra après. Pourtant sévissent alors dans les provinces reculées le long de la frontière afghane, comme celle de la North-West Frontier, des pratiques et des lois locales qui n'ont rien à voir avec les lois fédérales, déjà bien insuffisantes pour protéger les droits. Angelika estime à plusieurs millions le nombre de personnes qui vivent sans État de droit, abandonnées par le gouvernement pakistanais.

À la limite de l'indécence

J'ai conduit des milliers d'entretiens dans ma vie, mais je revois parfaitement cette femme que je rencontre dans un camp de réfugiés en Tanzanie en 1997. Elle a perdu ses deux fils. J'effectue dans le pays une mission de plusieurs semaines dans le cadre de massacres au Burundi. Dans un des camps de réfugiés où je me rends, cette dame, très maigre mais dont émane une grande force, beaucoup de colère, de dignité et d'intelligence, s'avance vers moi. Elle m'explique que, dans le chaos, en pleine fuite au milieu des combats, elle cherche ses deux fils. Elle est arrivée ici avec son mari et continue de les chercher, parmi les réfugiés.

Mes questions sur leur fuite et sur les violences dont elle a pu être témoin l'importunent, l'énervent même. Les violences ? C'est l'évidence même. Elle n'a pas besoin d'en parler. Tout ce qu'elle veut, ce sont des nouvelles de ses deux fils. Mais comment lui en donner ? Quelle aide lui apporter ? Ces enfants disparus et les entretiens que j'ai eus avec leurs parents dévastés sont toujours restés gravés dans ma mémoire. Cette conversation met en lumière non seulement les limites de mon rôle d'enquêtrice mais aussi, parfois, son indécence, potentielle ou réelle.

Les enfants d'Ouganda

L'Ouganda est une expérience très dure, car ma mission consiste à enquêter, sur la ligne de front entre des rebelles et les militaires, auprès des enfants soldats, des filles et des garçons recrutés de force par l'Armée de résistance du Seigneur ou LRA (*Lord's Resistance Army*)[1]. Je m'entretiens avec des membres de leurs communautés pour essayer de savoir comment ils imaginent la réintégration de ces garçons et ces filles après la guerre. Je passe beaucoup de temps avec ces enfants. J'interroge des gamins de 8 à 16 ans que les rebelles ont obligés à tuer leurs parents pour devenir des enfants soldats de l'Armée de résistance du Seigneur, leur seule « famille » désormais, leur seule chance de survie. Tuer leurs parents constituait le moyen sadique imaginé par la LRA de les empêcher de revenir à leur vie d'avant, de même rêver de pouvoir retourner dans leur village ou leur collectivité. J'ai rencontré des petites filles violées par les autres enfants soldats, des jeunes filles de 14 ans déjà mères. Une gamine

1. La LRA est un mouvement qui se présente comme chrétien et qui est entré en rébellion contre le gouvernement ougandais en place dès 1988, soit deux ans après le début de la guerre civile.

avait tenté de s'échapper et avait été rattrapée. On lui avait plongé la main dans de l'huile bouillante…

Je suis rentrée de cette mission profondément secouée. Cloîtrée dans mes pensées. À l'époque, nous n'avions pas les assistances thérapeutiques qui sont maintenant mises à notre disposition. A posteriori, je pense qu'une séance m'aurait fait le plus grand bien. J'ai pu exprimer un peu ce que j'avais ressenti seulement au moment de rédiger le rapport en compagnie de mes deux collègues. C'est l'un des documents qui m'ont demandé le plus sur le plan émotionnel. Celui aussi sur lequel mes collègues et moi avons passé le plus de temps afin de nous assurer que les messages des enfants ne tombent pas dans l'oreille de sourds.

En prison au Yémen

Au Yémen, j'ai passé du temps en prison. Je n'y ai pas été incarcérée, mais j'y ai interviewé un grand nombre de femmes qui, elles, l'étaient.

En 1998, je pars en mission avec le chercheur spécialiste du pays pour Amnesty et une jeune Néerlandaise qui parle arabe et anglais. Notre enquête porte surtout sur la situation des femmes en prison, notamment les détenues accusées d'avoir eu des relations sexuelles hors mariage et emprisonnées pour des crimes d'« ordre moral ». Les femmes séjournent en prison avec leurs enfants. Une fois leur sentence exécutée, elles demeurent souvent en détention parce que leurs familles les ont répudiées et qu'elles n'ont pas d'homme pour venir les chercher à la sortie de la prison. C'est une obligation : sans un homme pour les récupérer, elles n'ont aucune possibilité de rentrer chez elles, si tant est qu'elles aient encore un chez-elles. Des organisations yéménites ont créé des foyers pour qu'elles puissent sortir de prison après l'exécution de leur peine. Mais leur tâche se révèle des plus compliquées.

La prison se trouve dans la capitale, Sanaa. Je suis autorisée par les autorités à y passer une semaine à interviewer les prisonnières. Je suis libre de réaliser des entretiens avec les détenues, de comprendre pourquoi elles sont incarcérées, pourquoi elles restent en prison après avoir effectué leur peine. Elles ne sont pas incarcérées dans une prison de haute sécurité – certaines femmes portent des chaînes aux pieds mais elles sont rares –, les cellules ne sont pas fermées pendant la journée et je peux mener mes entretiens dans la cour.

Beaucoup de ces femmes souhaitent me confier leur histoire, et je ne force pas les autres à le faire. Certaines racontent comment elles ont été battues, violées, répudiées, forcées de se prostituer. Quelques-unes ont volé. Peu ont été arrêtées pour avoir tué.

À les écouter, je ressens une grande colère devant l'injustice qui émane de leurs histoires : beaucoup ont elles-mêmes été victimes de crimes et pourtant elles se retrouvent en prison. Elles ignorent quand elles pourront sortir, ce qui va advenir ensuite… Comment pourraient-elles se construire un avenir ?

Comment se projeter quand on est prise au piège non seulement de la prison, mais aussi de la vie qui nous attend dehors ? Pourtant, beaucoup arrivent à trouver un peu de joie dans le quotidien, dans les discussions qu'elles ont entre elles, dans les relations d'amitié qu'elles nouent. Je me demande même si cette prison, au regard de ce qu'elles ont vécu avant, ne constitue pas un espace paisible. La paix trouvée derrière les barreaux.

Le sort des femmes dans le monde est rarement enviable. Il ne l'était pas à la fin des années 1990 ; il ne l'est toujours pas aujourd'hui.

Amnesty, l'école de la rigueur

Je pars à l'étranger tous les quatre mois environ, trois ou quatre fois par an. Entre-temps, j'assure mon travail de conseillère ou de coordinatrice en matière de recherche, participant à de nombreuses réunions avec les membres d'Amnesty ou les animant. Du travail de représentation.

Je travaille jour et nuit. Amnesty, c'est une communauté d'amis, de collègues, mais c'est aussi l'école de la rigueur, du travail, des débats internes. Les chercheurs disent ceci, les avocats cela, les politiques autre chose, tout comme les directeurs ou les communicants. Il faut tout entendre, tout prendre en considération, mais toujours faire preuve de la plus grande rigueur.

Amnesty ne laisse pas de place à l'à-peu-près. Les erreurs sont rares mais, chaque fois, elles constituent un traumatisme pour toute la communauté. La pression est forte sur les épaules des équipes. Et pour cause : nos conclusions constituent toujours un moyen de dénoncer, de demander, de poser une problématique, avec un impact certain au niveau national et à l'étranger. Amnesty pèse d'un poids évident dans de nombreux dossiers gérés par la communauté internationale, grâce aux activistes – plus de 10 millions de membres et sympathisants d'Amnesty en 2024 – qui peuvent agir et mettre la pression.

À l'époque de mes missions, une fois le rapport publié, des centaines de milliers de membres écrivent aux parlementaires, aux ministres, aux responsables de tout bord, vont manifester devant des ambassades, conduisent des actions publiques très visibles. Dix ans plus tard, s'ajoutent les campagnes en ligne par l'intermédiaire de Twitter, TikTok ou Instagram, entre autres. Ces actions peuvent influer sur les entreprises qui nouent des relations commerciales avec des autorités incriminées, par exemple. Amnesty, beaucoup plus que d'autres organisations, est un mouvement : ce sont les membres qui agissent. Et ils agissent vraiment.

Human Rights Watch, l'organisation américaine de défense des droits humains, sait peut-être se montrer plus souple, plus flexible, souvent plus à même de répondre rapidement à certaines urgences. Elle est très efficace dans ses approches directes des gouvernements par le biais de ses employés. Dans ce domaine, Amnesty agit surtout par l'intermédiaire de ses membres, des volontaires qui se réunissent dans leur village, dans leur ville, et écrivent des lettres, envoient des pétitions, travaillent en ligne, éduquent leurs communautés. Un type d'intervention différent, qui part de la base.

Un pays n'aime pas être pointé du doigt et tentera toujours de protéger son image. De préserver sa réputation et celle de ses dirigeants. C'est pourquoi les autorités des États concernés par nos travaux ne se lavent jamais les mains de nos conclusions, au contraire. Elles tentent chaque fois de démontrer que nous avons été manipulés et que ce que nous affirmons est incorrect. L'image fait partie intégrante de la légitimité des dirigeants, qui leur est accordée ou non en fonction de leurs actions et de leurs propos. Cette image joue à tous les niveaux : diplomatique, commercial, artistique, même sportif. Elle n'est pas matérielle, elle ne se quantifie pas. C'est une valeur symbolique que la plupart des gouvernements cherchent par-dessus tout à protéger, aux yeux de la communauté internationale comme de leurs citoyens…

Travailler dans la joie

En 1999, je suis nommée cheffe de cabinet du secrétaire général d'Amnesty, Pierre Sané. Je me consacre davantage à la gestion de l'organisation, aux relations avec certaines sections à travers le monde, aux liens avec le conseil de direction et à la coordination de l'équipe de direction. En clair, comment faire fonctionner une structure aussi complexe qu'Amnesty ? À l'époque il s'agit déjà d'une organisation internationale, avec des branches nationales dans une cinquantaine de pays, un système de gouvernance démocratique : les politiques, les budgets, les priorités sont adoptés par l'assemblée générale des membres tous les deux ans. Comment travailler ensemble, soudés ?

Pierre est l'homme qui, pour moi, a réellement su moderniser Amnesty International et lui donner une stature et une image internationales. Il a renforcé son rayonnement, poussé l'organisation dans ses retranchements, l'a obligée à réfléchir à la façon dont elle construisait la notion de droits humains. Pierre a eu de grandes ambitions ; il a vu Amnesty s'orienter, s'ancrer dans les pays du Sud, mieux prendre en compte les questions de pauvreté qui préoccupaient peu l'organisation à l'époque. Il a ardemment souhaité que l'on travaille plus sur les droits économiques et sociaux, surtout dans les pays du Sud où nous nous devions d'entendre ceux qui parlaient de néocolonialisme, d'extrême pauvreté et de liens avec des pratiques douteuses des pays de l'Ouest ; sur les droits des femmes aussi. Il fallait qu'on arrive à en prendre conscience et surtout à les intégrer à nos stratégies.

J'ai aimé travailler avec Pierre Sané. Très charismatique et dynamique, rarement fatigué, visionnaire qui entrevoit toujours le verre à moitié plein, il incarne une réelle joie de vivre, tout en pouvant aussi se montrer très colérique par moments. Mais ça ne me gênait pas : il était surtout joyeux et optimiste. Et j'adore travailler avec des gens qui ont cette capacité de trouver et d'apporter autour d'eux du plaisir, de la joie, des opportunités.

Chapitre 8

Le courage et le risque

Qu'est-ce que le courage ?

Nous ne naissons pas courageux. Nous le devenons.

Ou plutôt nous choisissons de l'être. Nous choisissons de parler, d'agir, quand d'autres vont regarder ailleurs ou demeurer silencieux. Vous êtes courageux parce que vous savez que vous courez un risque. Si vous n'en êtes pas conscient, peut-on vraiment parler de courage ? Le courage, c'est une valeur morale. Vous choisissez d'être courageux tout en sachant qu'il existe un danger, que vous risquez de faire face à la souffrance.

Prenons le cas de Jamal Khashoggi. Il n'était pas forcément quelqu'un qu'on associait au courage. Il opérait à l'intérieur du système saoudien, proche de la royauté où il avait ses entrées. Personne n'aurait pensé à Jamal pour définir quelqu'un de courageux. En 2013, il a observé le Printemps arabe, cette révolte des populations contre les autocrates, les dictateurs, leur corruption. Lorsqu'en 2017 il a été confronté à une nouvelle vague d'attaques personnelles – l'annulation de sa chronique dans le journal saoudien *Al-Hayat*, l'interdiction d'écrire, d'apparaître à la télévision et d'assister à des conférences –, il a choisi de partir. Il ne s'est pas enfui mais, comme il l'a expliqué dans son premier article pour le *Washington Post*, il a choisi de partir parce qu'il ne pouvait plus se taire. Il est parti pour s'exprimer. Il a choisi l'exil volontaire plutôt qu'un silence imposé par l'autorité.

Quand il a décidé de quitter son pays, l'Arabie saoudite, Jamal a toutefois agi, selon moi, avec autant de courage que de nombreux défenseurs des droits humains qui partent parce qu'ils sont poursuivis, parce que leur vie est en danger. Jamal a fait le choix de quitter son pays en sachant qu'il allait perdre son statut social, ses revenus, sa famille, sa maison. Qu'il n'allait sans doute jamais revenir alors qu'en mettant de l'eau dans son vin, en jouant avec les règles définies par le pouvoir, en acceptant une certaine compromission, il aurait peut-être pu rester. Il a fait le choix de tout perdre, une décision à laquelle rien ne l'avait vraiment destiné ni même préparé. C'est à ce moment-là que sa vie a basculé. Jamal est vraiment devenu courageux quand il a pris la décision de partir. Dans son cas, le départ était un acte de courage. Pour d'autres, ce peut être le fait de rester.

On associe souvent le courage avec la prise de risques physiques. Je ne veux pas la minimiser : cela m'impressionne et je ne pense pas en être capable.

Mais le courage réside aussi dans la prise de décision, en sachant que celle-ci va entraîner non seulement des risques, mais peut-être aussi des souffrances. Le courage, c'est de faire ce qui est juste plutôt que ce qui est facile ; adopter une position impopulaire, sur la base du droit et des valeurs universelles, qui va à l'encontre des idées dominantes et souvent dogmatiques. Le courage, c'est aussi faire des choix qui vont à l'encontre de ce que les règles sociales demandent. Le courage, ce sont ces filles et ces femmes afghanes déterminées à apprendre à lire, à écrire et continuer de s'éduquer. Le courage, c'est le soldat qui désobéit à son supérieur hiérarchique ou révèle ses agissements illégaux. Le courage, c'est décider d'un style de vie qui ne correspond pas à ce que votre famille, votre communauté ou votre pays attendent de vous. Le courage, ce sont ces jeunes gays, ces jeunes personnes transsexuelles qui prennent la décision d'assumer publiquement leur identité, en sachant qu'elles vont peut-être être rejetées par leur famille et considérées comme des parias. Le courage, ce sont des parents qui acceptent leurs enfants tels qu'ils sont. Faire fi du qu'en-dira-t-on.

Prendre des risques

En tant que rapporteuse spéciale des Nations unies, je me suis rendue en Irak, au Nigeria et au Salvador, trois pays où la sécurité n'est pas du tout garantie. Je ne suis pas quelqu'un qui recherche le prestige ou l'argent, et si l'attention médiatique m'intéresse, c'est aux seules fins de pouvoir disposer, grâce à elle, de moyens d'influence plus importants. Mais ces enquêtes demandent de prendre des risques, qui varient selon les contextes. Or je me connais bien maintenant et je sais que je peux me fier à mon instinct qui, jusqu'à présent, m'a plutôt bien servi. Je peux aussi faire confiance aux conseils des équipes de sécurité qui m'accompagnent.

En revanche, je ne supporte pas que des bureaucrates veuillent m'interdire de faire ce que je veux, prétextant des raisons impérieuses et contraignantes qui n'existent pas. Souvent, les autorités nationales croient pouvoir me berner en arguant que la situation sécuritaire est extrême, qu'elle est impossible à contourner, comme ce fut le cas en Irak alors que j'avais déjà parlé avec l'équipe de sécurité et que nous avions tout étudié ensemble. Je ne suis pas née de la dernière pluie. Mentir sur la situation pour m'empêcher d'accomplir ma mission me révolte. En Irak, j'ai même dû menacer les autorités pour qu'elles me laissent me rendre là où je voulais aller.

Il m'arrive donc parfois de prendre des risques. Je les assume. Ce fut le cas au Malawi, où j'ai pris conscience de ma propre vulnérabilité face à des militaires soûls qui exigeaient des cigarettes à l'aide de leurs armes. J'étais seule, personne n'aurait pu me venir en aide, et je savais pertinemment ce qu'ils pouvaient me faire. Ou encore dans le nord de l'Ouganda, près de la ligne de front : la nuit, dans ma chambre d'hôtel, j'entendais des rafales de tirs. Je me disais : « S'ils doivent attaquer un endroit, ils attaqueront l'hôtel… » Ils ne l'ont pas fait, heureusement.

J'ai vraiment eu peur en Irak, en novembre 2017. Le soir où je suis arrivée, Bagdad a essuyé un violent tremblement de terre. Je logeais dans une petite maison du camp des Nations unies. Il faisait nuit, j'étais au lit, je lisais mes briefings et, tout à coup, tout s'est mis à trembler autour de moi. J'ai cru qu'on nous bombardait. Je suis sortie. Hagards, les gens qui étaient dehors, dont je faisais partie, regardaient partout sans comprendre ce qui se passait. Puis tout s'est arrêté.

J'ai connu un deuxième tremblement de terre au Salvador, au début de l'année 2018. J'étais en train d'écrire mon rapport de fin de mission dans ma chambre d'hôtel quand elle s'est mise à trembler. J'ai pensé : « Mais ce n'est pas possible, je les attire ! » J'ai à nouveau craint pour ma vie. C'est drôle, quand j'y pense : les phénomènes naturels, face auxquels nous sommes absolument démunis, m'effraient plus que les êtres humains, pourtant les plus dangereux.

Comme cette fois, en Irak, à Falloujah, à trois heures de route de Bagdad. Des milliers d'hommes et d'enfants, des garçons, ont disparu. Les autorités irakiennes nient en bloc, prétendant qu'ils se sont tous enfuis devant la déroute de Daesh, en Syrie. Les familles, présentes lors des faits, affirment le contraire : ces hommes et ces enfants ont été arrêtés et, depuis, ont disparu. De nombreuses organisations des droits humains n'ont aucun doute : il s'agit bien de milliers de disparitions forcées.

Le maire de Falloujah, avec qui j'ai rendez-vous, a convoqué plusieurs centaines de femmes, parfois accompagnées de leurs enfants. Toutes vêtues de noir, elles veulent m'expliquer ce qui est arrivé à leurs maris ou leurs fils. Elles veulent savoir ce que je peux faire et m'expliquer ce dont elles ont besoin, à savoir – ce qui peut paraître totalement absurde en pareilles circonstances – un document administratif leur permettant d'avoir accès à de l'assistance ou au compte en banque de leurs maris. Considérées comme des veuves de Daesh, elles n'ont pas droit à l'aide dont les autres femmes peuvent se prévaloir…

Contrairement à l'image qu'on pourrait avoir d'elles, ces femmes, bien que dans la pire souffrance qui soit, ne se montrent ni timides ni effacées, bien au contraire. Elles sont mues par la colère : elles peuvent devenir agressives, parlent de façon virulente, se lèvent en faisant de grands gestes, crient et pleurent, s'approchant parfois à quelques centimètres de moi.

Assise derrière mon bureau de fortune, je sens mon garde du corps qui commence à se raidir. Je lui fais signe que tout va bien, je me lève et je me dirige vers elles pour instaurer un véritable échange. Je veux être le plus proche possible d'elles pour être présente, les écouter, prendre des notes, mais aussi toucher et prendre par la main quand cela est possible. La rencontre change alors de tonalité et se passe très bien. Je fais ensuite de mon mieux, en insistant lourdement auprès des officiels pour que ces femmes obtiennent le fameux document stipulant que leur mari a disparu. Je le signale dans mon rapport, je l'évoque dans mes interviews. Je leur dois ça, « femmes de Daesh » ou non.

Dans mon travail – et je ne dis pas que c'était le cas de ces femmes –, il arrive que je doive prendre la défense de personnes ignobles. Parce qu'elles disposent elles aussi de droits. Au Salvador, un pays qui m'a profondément touchée, je me suis rendue dans des endroits placés sous le contrôle des gangs. J'ai rencontré des membres de ces gangs, des veuves, des femmes dont les maris étaient incarcérés. Pas vraiment des enfants de chœur ; mais une fois encore, je n'étais pas là pour juger mais pour écouter, observer de mes yeux, constater, tenter de comprendre… Ces femmes membres de gangs ou épouses, parfois de chefs de gangs, avaient de réels motifs de se plaindre. Plusieurs d'entre elles voulaient me parler, m'expliquer ce qui se produisait dans les prisons, comment leurs maris ou leurs fils étaient traités. J'étais là pour écouter et rappeler ensuite à l'État que même les personnes ayant commis des crimes, comme cela est le cas avec les gangs, ont encore des droits. Et qu'en aucun cas elles ne peuvent, par exemple, être torturées. Et pourtant, ce que j'ai vu au Salvador dépassait l'entendement…

Chapitre 9

La France a manqué de courage

Baye Ag Bakabo est mort le 5 juin 2021, tué par l'armée française au Mali.

Son nom ne vous dit probablement rien, mais Baye Ag Bakabo était le chef présumé du commando qui a enlevé Ghislaine Dupont et Claude Verlon, les deux journalistes de Radio France internationale (RFI) assassinés le 2 novembre 2013 à Kidal, dans le nord du Mali. Le 11 juin 2021, le ministère des Armées confirme sa mort, annoncée par plusieurs membres de sa famille quelques jours plus tôt sur les réseaux sociaux. Florence Parly, alors ministre des Armées, affirme que « la force Barkhane a détecté une attaque en préparation contre une emprise de l'ONU à Aguelhok dans le nord du Mali » le 5 juin. « L'opération a conduit à la neutralisation de quatre terroristes. Parmi eux a été identifié Baye Ag Bakabo, cadre terroriste considéré comme le responsable de l'enlèvement et de l'assassinat de Ghislaine Dupont et Claude Verlon, journalistes de RFI. » Un pick-up couleur sable a été utilisé pour l'enlèvement ; le même qu'il conduisait le 5 juin 2021. Ses papiers ont été retrouvés à l'intérieur. Baye Ag Bakabo était à la tête d'une katiba chargée d'éliminer toutes les personnes soupçonnées de collaborer avec la force française Barkhane.

Deux mois plus tôt, en avril 2021, en tant que rapporteuse spéciale de l'ONU sur les exécutions extrajudiciaires, je me suis dite « particulièrement étonnée » que, dans cette affaire, aucun mandat d'arrêt international n'ait été émis alors que l'identité des suspects était connue depuis plusieurs années. Les autorités maliennes n'ont en effet jamais été saisies afin de procéder à une arrestation ou une extradition[1]. Plus grave encore : les autorités maliennes et françaises n'ont jamais arrêté de négocier avec le présumé commanditaire du kidnapping des deux journalistes, Seidane Ag Hitta, l'un des principaux chefs du Groupe de soutien à l'islam et aux musulmans, ou JNIM, qui a prêté allégeance à Al-Qaeda. Elles ne l'ont même jamais interrogé. Imaginez ma surprise, ou plutôt mon dégoût, lorsque j'ai découvert qu'il a été l'artisan, côté djihadistes, de la négociation qui a permis la libération des otages Soumaïla Cissé et Sophie Pétronin, à

1. Interpol n'a semble-t-il pas été saisi, et des notices rouges n'auraient pas été lancées afin de localiser et procéder à l'arrestation provisoire de ceux impliqués dans l'enlèvement et le double meurtre.

l'automne 2020, en échange de 200 prisonniers et d'une rançon de plusieurs millions d'euros !

Comment peut-on légitimer le fait qu'il ait non seulement échappé, pendant sept ans, à toute arrestation, à tout interrogatoire, mais en plus joué ce rôle ? Comment affronter le regard des familles de Ghislaine Dupont et de Claude Verlon, confrontées en même temps à cette information et au silence des autorités qui n'ont même pas eu la décence de les prévenir, eu égard au sacro-saint secret qui entoure de telles négociations ?

Un dossier sans prise

Ghislaine Dupont et Claude Verlon sont morts en 2013, mais c'est seulement cinq ans plus tard que je me plonge dans l'enquête. Un représentant de Reporters sans frontières à New York est venu me demander si, dans le cadre de mon travail sur la liberté d'expression à Columbia, je pouvais organiser une soirée événement sur l'impunité et le cas de ces deux journalistes français lors de la journée consacrée à la liberté de la presse. J'accepte immédiatement.

Lors de cette soirée, je rencontre ceux qui se battent pour la vérité : les représentants de l'association des Amis de Ghislaine Dupont et Claude Verlon, Christophe et Danièle, des amis très proches de Ghislaine, la mère de celle-ci et la sœur de Claude.

La maman de Ghislaine m'émeut beaucoup : cette dame de près de 90 ans, qui marche avec une canne, vient jusqu'à New York et se bat avec tant de volonté pour que justice soit rendue… La représentante de l'Unesco se déplace pour l'occasion. Les diplomates français, eux, brillent par leur absence.

Très vite, je comprends qu'aucune justice n'a été rendue aux deux journalistes. Je promets à leurs proches de voir ce que je peux faire dans le cadre de ma mission de rapporteuse spéciale, et d'abord d'écrire au gouvernement français. C'est le minimum pour commencer. Mais je suis prise par la déferlante de l'affaire Khashoggi, qui sollicite toute mon énergie et toute ma concentration, sans pour autant les oublier, sans perdre de vue que je dois me consacrer à eux dès que je le pourrai.

Ce que je fais à nouveau jusqu'à la publication de mon rapport début 2021.

Ce dossier reste pour moi le plus difficile que j'aie eu à traiter car, comme on dit en escalade, je n'ai pas trouvé de prise. Contrairement à l'affaire Khashoggi, ici, le gouvernement de mon propre pays, la France, n'en a laissé aucune.

« Moralement inadmissible, juridiquement indéfendable »

Quand je commence mon enquête, j'ai pris beaucoup de retard, mais je suis déterminée à ne pas laisser tomber. Je recherche des informations, je les analyse sur la base du droit international. En septembre 2020, je rencontre Pierre-Yves Schneider[1], un des très bons amis de Ghislaine, qui a créé l'association des Amis de Ghislaine Dupont et Claude Verlon pour pouvoir se porter partie civile. Il fait partie de la petite équipe de journalistes, tous membres de l'association, qui enquêtent avec minutie sur ce qui s'est passé, accumulant des milliers de pages de documentation. Lors des trois heures que nous passons ensemble, je prends beaucoup de notes, qui me permettront de progresser. Pierre-Yves est décédé le 28 novembre 2020 sans avoir pu connaître la vérité.

De nombreuses zones d'ombre persistent. J'ai accès à des pièces qui me manquaient, aux photos de la scène de crime, aux conclusions du médecin légiste… Je demande à mes experts légistes de relire toutes ces données, de les comparer aux photos pour confirmer ou non ces conclusions. C'est ainsi que j'acquiers la certitude que Ghislaine et Claude ont été exécutés d'une balle dans la tête. Une exécution méthodique, type, hors de tout échange de tirs.

J'interroge aussi de nombreuses personnes présentes sur place, et je me heurte rapidement à une aberration : je ne réussirai jamais, malgré mon

1. Pierre-Yves Schneider est directeur de l'information à Europe 2, enquêteur pour Arrêt sur images et formateur à RFI.

mandat, à avoir accès aux militaires des Nations unies. C'est à la fois inadmissible et scandaleux : une force des Nations unies qui refuse de faire avancer le dossier du meurtre de deux journalistes auprès d'une rapporteuse spéciale des Nations unies… Du jamais-vu : l'institution se révèle incapable de travailler afin de remplir la mission pour laquelle elle a été fondée au départ. Tout ce qui prédomine, tout ce qui est important, c'est la « protection » de l'institution, qui, probablement par le biais de son bureau des affaires juridiques, a choisi d'abdiquer sa responsabilité. Elle devrait révéler ce que ses agents savent du crime commis contre Ghislaine et Claude, particulièrement les représentants de la Mission multidimensionnelle intégrée des Nations unies pour la stabilisation au Mali, la Minusma, présents sur les lieux de l'enlèvement et du double meurtre.

Grâce à un lanceur d'alerte, j'ai accès à des extraits de l'un des rapports de la Minusma sur les événements. Mais je ne peux parler ni aux agents ni aux équipes diligentés sur le terrain, officiellement comme officieusement, notamment la dernière équipe composée de représentants de différents organismes des Nations unies, mise en place par le représentant spécial du secrétaire général. Je n'ai accès ni aux journaux de communication entre la Minusma et les forces françaises Serval datés du jour du meurtre ni à l'heure de ces communications. J'essaie d'établir des contacts et d'obtenir des informations pertinentes par le biais d'échanges informels avec la

Division des droits de l'Homme et de la protection de la Minusma. Malheureusement, mes questions restent sans réponse. En 2023, les magistrats instructeurs chargés du dossier ont transmis à l'ONU deux commissions rogatoires internationales afin d'obtenir l'ensemble des clichés photographiques pris par les effectifs de la Minusma à Kidal et d'auditionner le commandant Alexis Grégoire Vasse, chef adjoint du bataillon sénégalais de la Minusma, qui aurait transmis les premières informations sur la fuite des ravisseurs. Mais alors que j'écris ces mots, aucun élément n'a été communiqué.

Pour paraphraser ce que mon collègue Philip Alston a dit des Nations unies en Haïti, l'approche de l'ONU est « moralement inadmissible, juridiquement indéfendable, politiquement autodestructrice [et] totalement inutile ». Je ne veux pas dire que les Nations unies portent une quelconque responsabilité dans le double meurtre, mais elles se devraient de contribuer à l'établissement de la vérité sur un crime et une violation des droits. Moralement et juridiquement.

« Paris a manqué de courage »

Ce que je cherche avant tout dans ce dossier, c'est à savoir pourquoi Ghislaine et Claude ont été kidnappés et pourquoi ils ont été tués. Leur enlèvement semble relever avant tout d'objectifs financiers :

négocier une grosse rançon. Cela ne veut pas dire qu'il n'avait pas aussi des objectifs politiques ou militaires : faire pression sur la France et les autorités maliennes ; accroître le pouvoir d'un chef de guerre sur les autres.

Leur meurtre semble quant à lui relever avant tout de l'incompétence des kidnappeurs. On m'a assuré plusieurs fois que des criminels avec plus d'expérience, plus « professionnels », conscients de la valeur de leurs otages, n'auraient pas paniqué. L'hypothèse la plus logique serait donc que les ravisseurs aient pris peur quand ils ont vu des avions de combat, des hélicoptères fondre sur eux. C'est cette opération des militaires français et le secret-défense qui l'a accompagnée qui ont généré le plus d'interrogations.

Que les choses soient claires : j'écarte totalement la piste d'une bavure de l'armée française. Il n'y a pas eu d'échanges de tirs : aucun impact n'a été retrouvé dans la carrosserie de la voiture ni aucune balle autour. Même si la scène de crime a été « salie » parce que les militaires ont voulu vérifier qu'il n'y avait pas de bombe sous le véhicule, l'examen des corps a très vite montré qu'ils ont été tués à bout portant. Ghislaine et Claude ont été exécutés. Ils ne sont pas les victimes d'un échange de tirs entre les kidnappeurs et l'armée française. Mais il y a des « mais » : les militaires auraient-ils dû poursuivre les kidnappeurs comme ils l'ont fait ? Ont-ils pris les précautions qui s'imposaient ? Et pourquoi l'enquête a-t-elle été si peu effective ? Les personnes présentes sur place n'ont pas été interrogées par les militaires, ou à peine, ou très tard. Le commandant Charles, responsable de la présence française à Kidal, n'a pas été entendu par les juges alors qu'il était en communication radio avec les différentes forces qui recherchaient les otages. Ce qui en dit long sur les rapports entre juges et militaires en France. Dans ce pays, on peut donc contraindre un ancien président de la République, en l'occurrence François Hollande, à venir s'asseoir dans le bureau d'un juge, mais pas un haut gradé de l'armée. Paris a manqué de courage.

Modifier le secret-défense

La France a perdu de son influence sur ces questions de droits humains. Elle n'est plus du tout le pays vers lequel on se tourne pour faire avancer certains dossiers, pour lancer des actions communes, demander un soutien. Les ambassadeurs font ce qu'ils peuvent. Je ne crois pas que les responsables politiques mesurent la valeur des droits humains. Notre politique étrangère est trop souvent dénuée d'humanité. Parfois, il me semble qu'elle s'inspire du néoconservatisme américain, mais sans les moyens militaires et financiers des États-Unis. J'en ai fait l'expérience en particulier lors de mes échanges sur l'Arabie saoudite avec des représentants du ministère des Affaires étrangères.

En ce qui concerne les meurtres de Ghislaine et de Claude, il s'agit moins de néoconservatisme hexagonal que d'un héritage éminemment français, celui du sacro-saint secret de la Défense nationale. Une grande partie des documents demandés par la justice est classée « secret-défense » et n'a pas été déclassifiée, tandis que ceux qui lui ont été transmis ont été caviardés de telle sorte que leur utilité est limitée. On retrouve encore ce « secret » dans les mensonges au plus haut sommet de l'État, ceux de François Hollande d'abord, puis d'Emmanuel Macron et son équipe.

En France, le secret-défense est strictement opposable au juge, ce qui signifie que, pour que ce dernier accède aux informations et puisse les utiliser, il doit obtenir la déclassification du document par l'autorité pertinente – ici le ministère des Armées –, accordée après avis de la Commission consultative du secret de la Défense nationale (CCSDN)[1]. Il faudrait une restructuration du secret-défense qui permettrait une réelle gradation de la protection en fonction du degré de sensibilité des informations. Mais nous en sommes bien loin. Et la première victime de cette situation, c'est la vérité.

---

1. Créée par la loi 98-567 du 8 juillet 1998, codifiée aux articles L. 2312-1 à 2312-8 du Code de la défense, la CCSDN est composée de cinq membres (Conseil d'État, Cour de cassation, Cour des comptes, Sénat et Assemblée), tous habilités par la loi à accéder aux informations classifiées. Voir Patrice Sartre et Philippe Ferlet, « Le secret de défense en France », *Études*, t. 412, 2010/2, p. 165-175.

Il est évident que la justice ne peut pas être rendue correctement tant que les informations critiques ne sont pas communiquées ou qu'elles sont amputées de passages clés. La mise en œuvre du secret-défense a entravé l'enquête judiciaire sur les meurtres de Ghislaine et de Claude, a substitué un certain arbitraire à l'accès à la justice, et s'est traduite par un énorme préjudice pour les familles des deux victimes. Elle s'est aussi traduite par la négation du droit à l'information du public, des Français, des journalistes et des parlementaires. Or, comme le soulignent les normes internationales approuvées par les États en matière de droits humains, le concept de « secret d'État » ne peut être invoqué pour entraver la recherche de la vérité et nier aux victimes et à leur famille la justice qui leur est due.

« La mort et non la justice »

Rien ne m'a cependant empêchée de rédiger mon rapport, le tout dernier de ma mission, publié sous la forme d'une très longue lettre d'une trentaine de pages que j'ai rendue publique au début de l'année 2021. Mes conclusions sont adressées aux autorités françaises, à qui je pose à la fin du texte de nombreuses questions. Je critique en particulier l'utilisation démesurée du secret-défense qui entrave tant la recherche de la justice. Je demande pourquoi les autorités françaises, et maliennes, et onusiennes, nous ont tant empêchés de connaître la vérité. Pourquoi le juge français a préféré ne pas prendre de risques : aucune commission rogatoire ni demande d'arrestation n'a été formulée – elles le seront plus tard, après la publication de mon rapport.

Le but de mon enquête n'était pas tant d'élucider les conditions de la mort de Ghislaine et de Claude que de savoir pourquoi, depuis 2013, si peu a été fait pour connaître la vérité. Pourquoi les forces spéciales françaises ont-elles déclaré ne pas être présentes sur place alors qu'elles l'étaient ? Que s'est-il passé ? Pourquoi le ministère des Armées reste-t-il silencieux ? Quel respect la France montre-t-elle aux familles ?

Les faits ont été raisonnablement bien établis par les juges français, les journalistes, l'association des Amis de Ghislaine Dupont et Claude Verlon, et mon enquête. Six personnes sont responsables du meurtre des deux journalistes. Trois ont été tuées depuis 2012. La mort comme seule issue ; la mort et non la justice. Je ne me fais guère d'illusions : je serais très étonnée si d'autres personnes devaient être inquiétées par la justice dans cette affaire. Au début de l'année 2021, déjà, je me disais qu'elles seraient « neutralisées », comme disent les militaires français. À savoir abattues. Les faits m'ont donné raison.

À l'inverse, l'attitude du gouvernement français et sa gestion de l'affaire sont, elles, loin d'être évidentes. Pourquoi la France s'est-elle enfoncée dans des pratiques dignes de la Françafrique d'un autre temps, avec leur lot de secret-défense, de clandestinité, de protection de l'« intérêt » supposé « national » qui prédomine sur tout, à commencer par la vérité ? Y a-t-il eu un raté de la part des Français lors de la traque des ravisseurs ? C'est possible. Mais on ne peut pas reprocher aux militaires d'avoir voulu prendre en chasse les preneurs d'otages. L'armée n'est donc pas directement montrée du doigt. Pourtant, elle se tait. Il est très difficile de briser ce qui semble relever d'une pratique historique de la « Grande Muette ». Le secret plane aujourd'hui encore sur trop de points et c'en est ridicule, cruel puisque la transparence aurait apporté du réconfort aux familles alors que, près de dix ans après, elles sont toujours dans le deuil, avec la conviction qu'on leur cache des choses.

« Des murs. Rien que des murs »

Finalement, tous les efforts déployés par les familles, les amis, les journalistes et moi-même se sont toujours heurtés aux secrets. Pour Jamal Khashoggi, nous avons été dans l'action. Ici, nous nous sommes surtout retrouvés confrontés à des murs. Rien que des murs. Français et onusiens.

Le président Hollande a confié certaines informations à des journalistes avant de les nier ! Le juge a demandé à l'entendre, il l'a donc été, mais a prétexté que les journalistes avaient mal compris… De son côté, le directeur de la DGSE a lui aussi parlé « *off the record* » à des journalistes ; ses propos ont été rapportés et il les a aussitôt démentis. Les parties civiles ont réclamé une confrontation. En vain. C'est très français : pas de contre-pouvoir qui puisse provoquer la révélation de la vérité. Aux États-Unis, une commission d'enquête aurait été lancée par les élus du Congrès. Ici, rien ne s'est produit. Or le ministère des Armées devrait être poursuivi en justice pour refus de divulguer certaines informations.

Pierre-Yves, les autres membres de l'association, moi-même, voulions simplement que les individus qui ont assassiné les deux journalistes soient arrêtés et jugés. Or la moitié d'entre eux ont été tués. Et, à ce jour, il n'est pas possible d'examiner les circonstances et la légalité de leurs morts brutales. Si des enquêtes ont été diligentées – comme elles auraient dû l'être –, elles n'ont pas été rendues publiques. Pourtant, ces morts sont partie prenante d'une enquête que les autorités françaises ont prétendument privilégiée et s'inscrivent dans la mise en œuvre de l'intervention militaire française au Mali, une politique qui soulève de nombreuses questions d'intérêt public.

Le fond de cette affaire relève d'une certaine idée de la France, de ses intérêts militaires… Des accords passés entre notre pays et des personnes peu respectables font que la résolution de ce double meurtre passe après tout le reste aux yeux des ministères des Armées et des Affaires étrangères. Peut-être toute la vérité surgira-t-elle un jour, mais je n'y crois plus vraiment. Il n'a pas été possible de faire de leur mort un cas de figure, un exemple connu de tous et qui débouche sur justice rendue, à cause de l'omerta militaire et les silences onusiens. Je pense que l'armée et le gouvernement espèrent que les amis, les proches, les associations vont finir par se lasser. Sans eux, leurs avocats, la rédaction de RFI, deux ou trois parlementaires, Reporters sans frontières et moi-même, je soupçonne que l'affaire aurait été enterrée bien rapidement.

Tant pis pour la mémoire de ces deux journalistes et le deuil de leurs proches. Et cette tragédie sans issue, sans réponse, nauséabonde du début à la fin, me rend infiniment triste. Aujourd'hui encore, je suis toujours en contact avec l'association qui continue de se battre pour la vérité. Je pense que la meilleure façon de rendre justice à Ghislaine et à Claude est de continuer de parler d'eux et de poser des questions : pourquoi tous ces mensonges, les silences et les secrets de toutes les parties prenantes, y compris les Nations unies ? Poser des questions, mais aussi dénoncer les exécutions des criminels en guise de justice.

La date des meurtres de Ghislaine et de Claude, le 2 novembre, a été choisie par les Nations unies comme Journée internationale de la fin de l'impunité pour les crimes commis contre les journalistes. Mais il n'y a pas eu de justice pour Ghislaine et Claude. On peut prétendre qu'elle a été rendue parce que les coupables ou la plupart d'entre eux sont décédés, et de mort violente. Mais ne nous leurrons pas.

*

Le 15 août 2022, plus de neuf ans après avoir été accueillis au Mali comme des « sauveurs » face aux groupes djihadistes, les militaires français quittent le pays dans un contexte de fortes tensions entre Paris et Bamako. C'est la fin de l'opération Barkhane. Il en est de même en février 2023, au Burkina Faso voisin, avec la fin des opérations de la force française Sabre, après quinze ans de mission dans le pays.

Chapitre 10

Réguler les ONG

« Partenariat sur la responsabilité humanitaire »

En 2001, après six ans à Amnesty, je décide de quitter mon poste. Pierre Sané, le secrétaire général, arrive au terme d'un mandat de dix ans et il est sur le point de rejoindre l'Unesco. Sa remplaçante, Irene Kahn, va prendre ses fonctions dans quelques mois. C'est le bon moment pour partir et lui laisser l'espace pour créer sa propre équipe. Je quitte mon poste pour mettre en place une initiative humanitaire basée à Genève et baptisée HAP, pour Humanitarian Accountability Partnership, que l'on peut traduire par « Partenariat sur la responsabilité humanitaire ».

Le point de départ de cette action est l'évaluation de la réponse humanitaire au génocide rwandais, qui a mis en avant plusieurs défauts : d'abord le manque de standardisation, d'évaluation ; ensuite le fait qu'on ne s'occupe pas assez du personnel, qu'il n'y ait pas de gestion des ressources humaines digne de ce nom – en clair, que les ONG comptent parfois dans leurs rangs des touristes ou des cow-boys humanitaires qui n'ont rien à faire dans des situations de crise. Une grande partie de la communauté humanitaire a conclu de ce constat que les organisations devaient permettre au plus grand nombre de personnes possible de recevoir une réponse efficace, accessible et appropriée, et de se plaindre formellement si l'assistance reçue n'a pas répondu à leurs besoins.

Toutes les grandes – et moins grandes – organisations humanitaires prennent part aux nombreuses initiatives postgénocide qui cherchent à repenser le système humanitaire. La nôtre est chargée d'améliorer l'efficacité de l'action humanitaire auprès des populations en mettant en place une sorte de médiateur, d'*ombudsman* qui pourrait surveiller et gérer les débordements, tout en renforçant les meilleures pratiques.

Nous partons de rien, il faut tout inventer. Comment les organisations humanitaires peuvent-elles être redevables à l'égard des populations qu'elles servent ? Quels mécanismes doit-on mettre en place ? Après réflexion et concertation avec les autres participants, je propose et mets en place un système d'autorégulation, avec des capacités d'enquête indépendante.

Nous menons des projets pilotes de trois à six mois pour différents types de crises : au Cambodge, pour travailler sur les catastrophes naturelles ; en Sierra Leone et en Afghanistan, pour travailler sur les questions liées aux guerres, aux réfugiés et aux déplacés. Les questions que HAP cherche à aborder dans le cadre de ces projets pilotes sont les mêmes partout, mais la mise en œuvre dépend du contexte : comment doit-on écouter les personnes bénéficiaires des actions humanitaires ? Qui écouter ? Comment leur rendre des comptes et répondre proprement à leurs attentes ?

Les dérives de l'humanitaire

HAP décide de s'intéresser en particulier à la question des violences sexuelles de la part d'humanitaires. Des scandales retentissants impliquant de grandes organisations sont survenus à plusieurs reprises en Afrique de l'Ouest, en Haïti, en Syrie, pour ne citer que ceux-là. Leurs employés ont remis de la nourriture et de l'aide humanitaire en échange de faveurs sexuelles de la part de femmes ou de jeunes filles. Une ignominie dans laquelle les Nations unies ont été impliquées.

Ces scandales ont poussé les organisations humanitaires à reconsidérer leurs réponses à l'exploitation et aux abus sexuels. Cette réflexion a mis en avant toute une série de manquements : l'absence de codes de conduite, la méconnaissance des droits et des devoirs, l'absence d'enquêteurs internes et de procédures de plainte – qui, si elles existent, n'inspirent pas confiance.

D'autre part, au-delà des mécanismes sur le terrain, je cherche aussi à imaginer le type d'institutions qui pourrait gérer correctement ces plaintes, mais aussi les manquements à la mise en œuvre de standards humanitaires, pour couvrir par exemple les rations d'eau ou alimentaires, ou les appuis logistiques. À l'origine, l'idée principale est de mettre en place une sorte de « gendarme » humanitaire, un « *watchdog* » qui effectuerait des missions de vérification et dénoncerait les pratiques non déontologiques.

Cette approche n'a pas été retenue. Ou plutôt, il m'a semblé indispensable de mettre d'abord l'accent sur l'autorégulation, sur la mise en place de mécanismes et d'institutions qui s'assurent que l'acteur humanitaire exerce son pouvoir avec responsabilité.

« L'humanitaire, ce n'est pas déplacer 3 000 tonnes de riz d'un point A à un point B »

Ainsi que les études de HAP l'ont démontré, toute transaction humanitaire se traduit par un déséquilibre de pouvoir entre celles et ceux qui sont capables d'aider et celles et ceux qui sont dans l'urgence de recevoir cette aide. Cette situation d'urgence ne signifie cependant pas que ces personnes fuyant un danger souvent mortel n'ont pas ou plus de droits. Pas plus qu'elle attribue aux acteurs qui apportent un secours nécessaire des pouvoirs sans fin, même s'il peut être aisé pour les travailleurs humanitaires d'en abuser.

Je cherche donc à créer une institution d'autorégulation qui permettrait au secteur humanitaire dans son entier de faire lui-même le ménage, de s'occuper de façon efficace de toutes ces organisations qui débarquent sur des lieux de crise et qui, voulant jouer les bons samaritains, peuvent conduire à la mort d'êtres humains en distribuant des aliments auxquels la population est génétiquement allergique, en l'équipant de vêtements d'hiver dont elle n'a pas besoin… Les exemples sont légion. J'aime l'humanitaire parce qu'on est toujours dans l'action. J'apprécie moins le fait que le sens de l'action rende certaines organisations, même les plus reconnues, ou certains individus, parfois aveugles ou irresponsables. La distribution de nourriture peut susciter des conflits, créer des divisions, renforcer le pouvoir de certains sur d'autres, et demande une approche concertée ainsi qu'une coordination parfaite. Contrairement à ce que semblent croire certains, l'humanitaire, ce n'est pas déplacer 3 000 tonnes de riz d'un point A à un point B. C'est beaucoup de logistique, du droit, de l'histoire, la prise en compte des réalités propres au pays. Des compétences qui s'acquièrent au cours d'années de travail. Des cultures institutionnelles qui se prêtent (ou pas) à l'autocritique et aux réformes.

Il faut aussi une gestion des ressources humaines qui soit sophistiquée et ne permette pas aux personnes d'échapper aux règlements, sous prétexte qu'elles opèrent dans des contextes et des lieux où, a priori, les règles sont bafouées par les États ou les groupes armés.

*

Parce que le travail humanitaire a longtemps été pratiqué en dehors de tout contrôle ou presque, l'idée derrière l'institution que j'ai finalement fondée est de remplir les fonctions d'une association professionnelle.

De nombreuses professions au cœur de l'action humanitaire, comme la médecine, sont régies par des associations professionnelles, qui définissent les normes, fixent les règles du jeu, gèrent les manquements professionnels, afin de protéger les personnes à aider. Nous commençons donc par instaurer des critères, un fonctionnement lié à un usage responsable du pouvoir en situation de crise humanitaire. Nous établissons ensuite des mécanismes de contrôle auprès des populations bénéficiaires mais aussi de leur part, pour que les activités des humanitaires puissent être évaluées par des équipes indépendantes.

Ainsi est né le premier système d'autorégulation du secteur humanitaire et de certification HAP, au terme de trois ans de travail et de négociations dont je me suis chargée, que mes successeurs ont mis en place. Toutes les initiatives collectives et individuelles mises en œuvre à l'époque ont donné de nombreux résultats, y compris du point de vue des relations avec les bénéficiaires. Mais comme le démontrent les affaires, notamment d'abus sexuels, qui secouent régulièrement le secteur, il faut demeurer constamment sur ses gardes.

Chapitre 11

Le scepticisme, une méthode

De l'importance du doute

C'est une technique, le scepticisme. Le doute permet d'interroger le sujet à plusieurs reprises pour comprendre ce qu'il s'est réellement passé, saisir parfaitement l'ordre des choses, préciser les faits, insister sur les points faibles et les contradictions du témoignage. Le risque de se faire manipuler est toujours possible, et le scepticisme est un bon moyen de s'en prévenir.

Ce n'est pas une raison d'être, ce n'est pas une façon de fonctionner. Le scepticisme est un principe qui permet de conduire des entretiens, de les recouper, de toujours interroger les témoins soi-même, de ne jamais compter sur des informations de seconde main, sur des individus rapportant ce que d'autres auraient dit. C'est toujours chercher des preuves matérielles, identifier et travailler sur plusieurs hypothèses, conserver et archiver tous les entretiens.

Pour l'enquête sur le meurtre de Jamal Khashoggi, je travaille avec une équipe d'experts : un enquêteur britannique qui ne croit jamais rien et oblige à s'interroger sur tout, un grand expert en médecine légale portugais et une avocate tenace, implacable et énergique. Ces trois personnalités conviennent bien à la sceptique que je suis. Je peux passer des heures à décortiquer un témoignage et à voir s'il concorde avec d'autres. Dès qu'on me raconte une histoire, je pose des questions, et je le fais désormais sans froisser les gens. Les méthodes pour interroger et parler aux victimes s'apprennent : il existe de nombreuses formations, absolument nécessaires si on veut obtenir un maximum de réponses sans malmener malgré soi les victimes, selon ce que l'on cherche et ce qu'elles ont vécu. J'ai donc appris avec l'expérience à être plus douce : je recherche toujours autant la vérité, mais sans que les victimes se sentent agressées par mes questions insistantes ou si elles manquent de données, de précision.

Apprendre à interroger les témoins

Apprendre à interroger les témoins est primordial, car l'approche de l'espace ou du temps est une notion très individuelle, culturelle, qui est modifiée par les expériences traumatiques. Par exemple, quand des victimes qui s'échappent disent : « Nous avons marché quinze minutes » ou « Nous avons couru pendant des heures », il faut trouver un moyen d'interroger ce temps, leur temps. De même, quand je dois rendre compte de l'attaque d'un village et que des dizaines de témoins me racontent peu ou prou la même chose, je n'ai pas forcément besoin du même degré de précision de la part de chacun d'eux. Je peux recouper les informations, dessiner des plans pour mieux visualiser les attaques, comprendre les contradictions des témoignages et chercher à les expliquer.

De même, les approches lors d'interrogatoires pour aider à l'identification des victimes sont différentes selon les contextes : si les villageois ont pu retourner sur les lieux et enterrer les morts, on pourra obtenir des noms, des âges, des professions ; si je peux me rendre sur les lieux, j'aurai accès aux tombes et je récupérerai moi-même les informations que j'estime utiles ; si le village n'est plus accessible, il faudra en revanche se contenter dans un premier temps de victimes potentielles, c'est-à-dire des personnes que d'autres ont vu tomber, être attaquées ou disparaître.

Autre cas de figure : si je me retrouve face à une seule personne, unique témoin d'un meurtre perpétré par des forces de police par exemple, son témoignage devient capital. Il me faudra faire preuve d'une bien plus grande précision dans le recueil des informations. Tout en gardant à l'esprit, dans le cas d'une attaque de village comme dans celui d'un seul meurtre, que les traumatismes et les états de stress peuvent fausser la mémoire et les souvenirs.

Enfin, je peux aussi interroger les morts, en m'appuyant, lors de mes enquêtes, sur les rapports d'autopsies pratiquées par des médecins indépendants, qui se révèlent parfois essentiels, tout comme les photos des victimes et de leurs blessures.

« Je ne fais jamais de promesses »

Je demande toujours l'autorisation de citer nommément. J'explique le but de l'interview : pourquoi les solliciter ? Qu'est-ce qu'on va pouvoir faire de leur récit ? Qu'est-ce qu'on ne va pas pouvoir faire ?

Je prends des notes, j'écoute. De même, quand je décide d'engager une procédure pour elles, je demande toujours leur consentement aux victimes.

Lors de mes premières missions, il m'arrive souvent de me retrouver totalement démunie face à la violence extrême à laquelle ont été confrontées les personnes que j'interroge. Celles et ceux qui témoignent sont traumatisés, parfois très dépressifs, toujours à bout de force et en colère contre la Terre entière, moi y compris. Je suis fréquemment prise à partie : « Vous ne faites rien ! » Je ne cherche pas à protéger les institutions qui n'ont probablement « rien fait » ; si on n'est pas capable d'encaisser, si on n'a pas les épaules un peu solides, il ne faut pas faire ce métier. Ce n'est pas ma famille qui a été massacrée, c'est la leur. Les mots révèlent la douleur de ceux qui les prononcent, mais aussi les complicités, les lâchetés du monde. Je laisse parler.

Mais je ne fais jamais de promesses que je ne pourrai pas tenir. Il est extrêmement important de ne pas tomber dans ce piège. Je ne promets que ce que je sais réalisable : par exemple, si des victimes me demandent d'inclure leur cas ou leur demande dans un rapport, d'en parler directement aux autorités du pays ou aux médias. Mais promettre que les meurtriers seront arrêtés ? Non. Un dédommagement financier ? Non plus. Même quand les gens supplient : « Promettez-moi que vous trouverez celui qui a tué », j'explique les limites de ce que je peux faire.

Je ne dis jamais que je pourrai faire plus que ce qui est dans la mesure de mes moyens. Je suis honnête par rapport aux attentes. Car je le sais : les personnes venues à ma rencontre placent tous leurs espoirs en moi. Je rédige toujours mon rapport une fois rentrée. Sur place, je conduis les entretiens, je note tout à la main. Je n'enregistre que rarement, car beaucoup de victimes ou de témoins s'y opposent. J'écris des rapports qui sont à la fois très factuels, m'appuyant sur des témoignages, citant les témoins – sans les identifier nommément –, utilisant leurs mots à eux, mais aussi analytiques, en m'appuyant sur mes connaissances en sciences sociales, en réfléchissant au contexte…

La tech au service de l'enquête

Il y a une vingtaine d'années, lors de mes premières missions à l'étranger, nous pouvions déjà recueillir des photos, des vidéos, des documents audio en plus de témoignages sur le terrain. Mais les photos auxquelles nous avions accès étaient rares et souvent de mauvaise qualité. Les choses ont considérablement changé depuis. À l'heure actuelle, en plus des témoignages, nous avons le soutien des images satellite, des vidéos tournées avec leur smartphone par les victimes, par les témoins, mais aussi de plus en plus souvent par les tortionnaires eux-mêmes qui se filment lors de leurs exactions.

Toutes les données iconographiques que nous récoltons dans le cadre des enquêtes doivent évidemment être analysées. Amnesty a ainsi mis en place un laboratoire, Evidence Lab, où des experts analysent et séparent le bon grain de l'ivraie. Nous pouvons aussi, par le biais de l'image 3D et de l'intelligence artificielle, reproduire les lieux, les dessiner sur nos écrans sans nous y rendre, pour essayer de comprendre, par exemple, comment une bombe est tombée là où elle est tombée, d'où elle a été lancée et par qui. Des progrès essentiels pour mener à bien nos missions.

Chapitre 12

Enquêter sur le meurtre d'un criminel

Soleimani, ennemi public numéro un

Le 3 janvier 2020, une frappe de drone s'abat sur l'aéroport de Bagdad, en Irak. La frappe est américaine et la cible iranienne.

Ce n'est pas n'importe quelle cible : en ce début d'année, l'homme que Donald Trump, président des États-Unis, a décidé d'assassiner est le général Qassem Soleimani, un des militaires iraniens les plus haut placés, en visite ce jour-là chez l'ancien frère ennemi irakien. « Pour les chiites du Moyen-Orient, c'est un mélange de James Bond, Erwin Rommel et Lady Gaga », écrit alors *Le Figaro*, citant l'ancien analyste de la CIA Kenneth Pollack qui, en 2017, décrivait Soleimani pour le magazine américain *Time* et son numéro consacré aux cent personnalités les plus influentes du monde. « [...] le général iranien [...] était devenu une véritable star en Iran, n'hésitant d'ailleurs pas à poster des selfies pris depuis le champ de bataille. Une manière de convaincre qu'il était "le maître de l'échiquier du Moyen-Orient", estimait encore Kenneth Pollack. »

Jusqu'ici, les assassinats ciblés visaient surtout des chefs de groupes armés, pas de hauts représentants officiels d'un État ou d'une armée régulière. L'assassinat ciblé par drone, en particulier, s'en prenait essentiellement aux groupes armés non étatiques, au nom de la lutte antiterroriste. Des attaques répétées, de la part de multiples pays et pas seulement les États-Unis, même si ceux-ci en ont fait leur spécialité. Ces meurtres peuvent affaiblir le groupe, perturber plus ou moins profondément ses opérations à court terme. Mais de telles pratiques ne sont jamais des solutions en profondeur et posent de nombreux problèmes du point de vue du droit international, qu'elles violent constamment bien qu'elles soient dénoncées depuis une bonne dizaine d'années. D'autant que, dans ce type d'attaques, il est très rare qu'une seule personne soit touchée. De nombreux civils en sont également les victimes : lors de l'assassinat du général Soleimani, une dizaine de personnes sont mortes avec lui.

Dès son arrivée au pouvoir en 2016, Donald Trump fait de l'Iran son ennemi public numéro un. Il se rapproche d'Israël, pour qui Téhéran constitue une grande source d'insécurité, et se retire de l'accord de Vienne sur le développement nucléaire iranien, contre l'avis de l'Union européenne, prônant ainsi une politique extrêmement belliqueuse, anti-Iran et pro-Arabie saoudite. Les sanctions contre Téhéran sont accrues, avec de réelles conséquences sur la population, l'idée étant de la pousser à bout en augmentant la pression pour qu'elle finisse par se rebeller contre le régime des ayatollahs. Un scénario des plus fragiles et même cruel, car, dès que des manifestations sont organisées, les autorités iraniennes engagent une répression féroce à l'encontre de la population, empêchant toute possibilité de révolution – d'autant plus difficile que le régime possède aussi de solides bases au sein d'une partie des Iraniens.

Une situation géopolitique tendue

La situation est en effet très complexe.

Au niveau régional, l'Iran participe à tous les conflits. Il est partout. Au Yémen, Téhéran apporte un soutien aux Houthis qui répriment la population sous leur contrôle – tout comme le font les autorités soutenues par l'Arabie saoudite – et ont lancé des attaques contre des cibles saoudiennes, tuant des civils, ainsi que contre des bases d'extraction de pétrole. Quant à l'Arabie saoudite, elle a mené, à la tête d'une coalition de neuf pays (en premier lieu les Émirats arabes unis, le Maroc, l'Égypte, la Jordanie et le Soudan), des campagnes aériennes au Yémen qui auraient tué près de 9 000 civils, selon Armed Conflict Location and Event Data (ACLED), attaques qui constitueraient des crimes de guerre.

La politique américaine veut répondre à cette omniprésence régionale par la manière forte. Très forte. Je suis persuadée que si Donald Trump avait été réélu en 2020, nous nous serions orientés vers un conflit ouvert plutôt que ceux, par procuration et plus ou moins indirects, dont nous avons été les témoins. Certes, d'après ce que j'ai pu apprendre au cours de mes recherches, l'idée de tuer Soleimani n'était pas nouvelle. D'autres administrations américaines, y compris démocrates, avaient, par le passé, évoqué cette hypothèse, mais toutes l'avaient finalement rejetée. Toutes sauf celle de Trump, qui a décidé de la mort du général en qui les Américains voyaient le chef de la stratégie étrangère de l'Iran et le maître des redoutés Gardiens de la révolution.

Le département américain de la Défense a en effet affirmé que l'armée américaine avait entrepris cette « action décisive » contre le dirigeant iranien à la demande du président Trump parce que « le général Soleimani élaborait activement des plans pour attaquer des diplomates et des militaires américains en Irak et dans toute la région ». Selon les États-Unis, Soleimani et sa force Al-Qods étaient responsables de la mort de centaines de militaires américains, d'attaques contre les bases de la coalition internationale et l'ambassade des États-Unis à Bagdad. Il incarnait donc pour les autorités américaines la tête pensante militaire de l'Iran : c'est lui qu'il convenait d'éliminer, pensait-on, pour ainsi décapiter toute l'institution, dissuader les futurs plans d'attaque iraniens et créer le chaos dans tout le pays. Une façon comme une autre, selon certains dirigeants, de lutter contre le terrorisme, mais qui demeurait injustifiable vis-à-vis du droit international. Et largement inefficace : en quoi la politique iranienne a-t-elle changé en profondeur après cet assassinat ?

Illégalité et démocratie

Ce type d'action, je l'ai dit, est inédit : c'est la première fois que l'on vise le représentant officiel d'un État par de tels moyens. Si l'on s'en tient à la justification qu'ont apportée les États-Unis à la mort de Soleimani, tout officiel d'un État jugé ennemi constitue désormais une cible et peut être assassiné, où qu'il se trouve. Ce n'est plus seulement l'ensemble du monde qui peut être considéré comme un terrain légitime d'attaques ciblées, mais l'ensemble des gouvernements.

Dans le cadre de mon enquête, il me faut replacer une nouvelle fois ce dossier dans un contexte légal et déterminer si les arguments avancés par l'administration américaine peuvent relever du droit humanitaire ainsi que des Conventions de Genève et du droit international des droits humains. Selon cette enquête approfondie que j'ai menée, y compris auprès de nombreux experts, il ne s'agissait ni de légitime défense, comme l'ont expliqué les Américains sans apporter de preuves, ni d'un contexte de guerre et de droit humanitaire. De plus, le meurtre a été commis dans un pays tiers, l'Irak, sans son accord. Il s'agissait bien d'un cas d'utilisation de la force dans le cadre d'une attaque illégale.

Soyons clairs : il ne fait aucun doute que le général Soleimani était soit directement responsable, soit impliqué dans de nombreux actes de violence à l'extérieur comme à l'intérieur de l'Iran. Mais comme pour d'autres chefs « terroristes » présumés et pris pour cibles par un État, les questions sur lesquelles nous devons porter notre attention concernent la primauté et le respect de la justice et du droit international. Le général Soleimani aurait dû rendre des comptes pour ses crimes devant un tribunal.

Les décapitations stratégiques de groupes « terroristes » par le biais de l'assassinat de leur leader présumé constituent, dans la vaste majorité des cas, des actes illégaux qui échappent à tout contrôle parlementaire, affaiblissant l'intégrité des processus démocratiques. L'assassinat par les forces américaines du général Soleimani soulève une autre question des plus préoccupantes : la possibilité que des États s'appuient sur ce précédent pour cibler d'autres représentants de gouvernements, augmentant ainsi considérablement le risque d'instabilité, voire de conflagration internationale.

« Traîtresse amoureuse des Iraniens »…

Je remets mon rapport au début du mois de juillet 2020, après six mois d'enquête. J'écris qu'« en l'absence d'une menace imminente mettant en danger la vie, la manière d'agir des États-Unis était illégale » et que cet acte viole donc la Charte des Nations unies. J'ajoute qu'« à la lumière des preuves fournies jusqu'à présent par les États-Unis, le ciblage du général Soleimani et la mort de ceux qui l'accompagnaient constituent un assassinat arbitraire dont les États-Unis sont responsables en vertu du droit international ».

Donald Trump a assuré, après l'avoir fait abattre, que Soleimani, « terroriste numéro un dans le monde », préparait des attaques « imminentes » contre des diplomates et militaires américains. Sur la base de quels éléments ? de quelles preuves ? Je rejette donc cet argument, soulignant que les États-Unis n'ont pas démontré que le général « représentait une menace imminente », qu'ils n'ont pas attendu de trouver ces prétendues preuves pour frapper et qu'ils n'ont pas demandé la permission d'agir à l'Irak, violant ainsi l'intégrité territoriale de cet État souverain : « Aucune preuve n'a été fournie que le général Soleimani planifiait spécifiquement une attaque imminente contre des intérêts américains, en particulier en Irak, pour laquelle une action immédiate était nécessaire et aurait été justifiée, lit-on dans mon rapport. Aucune preuve n'a été apportée pour montrer que les États-Unis n'ont pas eu le temps de demander l'aide de la communauté internationale, y compris du Conseil de sécurité des Nations unies, pour faire face à des menaces imminentes présumées. »

Dès la parution de mon rapport, je me fais attaquer par les Américains et par Israël : j'aurais voulu protéger la vie d'un assassin, d'une personne responsable des pires massacres. Je reçois des mails et des messages sur Facebook, toujours anonymes, de nationalistes « patriotes » américains qui me traitent de « traîtresse », d'« amoureuse des Iraniens ».

« Ce rapport est fallacieux et démontre à quel point il faut se méfier du discours des Nations unies », lâche de son côté le secrétaire d'État américain de l'époque, Mike Pompeo. La porte-parole du département d'État, Morgan Ortagus, m'attaque à son tour : « Il faut un type particulier de malhonnêteté intellectuelle pour publier un rapport condamnant les États-Unis pour avoir agi en état de légitime défense tout en blanchissant le passé notoire du général Soleimani, un des terroristes les plus meurtriers au monde. » Elle ajoute même : « Ce rapport tendancieux et fastidieux porte atteinte aux droits de l'Homme en donnant un laissez-passer aux terroristes et prouve une fois de plus pourquoi les Américains ont eu raison de quitter le Conseil des droits de l'Homme de l'ONU. »

Pour autant, je ne serai jamais convoquée ni appelée par la Maison-Blanche ou par le département d'État. À l'inverse, je contacte ce dernier, comme l'exige le protocole des rapporteurs spéciaux, une fois le rapport terminé, pour le lui envoyer avant qu'il ne soit rendu public. Mais aussi pour lui faire savoir que les États-Unis sont mentionnés et connaître sa réaction. Dans mon souvenir, personne ne m'a jamais répondu.

À l'époque, je suis toujours à Columbia, j'habite dans un appartement à côté de l'université, près de l'Hudson, fleuve au bord duquel j'ai l'habitude de beaucoup marcher. J'adore me promener dans New York, ses parcs, ses rues… Bien que les attaques dont je suis la cible ne perturbent ni mes cours ni mon travail aux Nations unies, je ne peux m'empêcher de me faire des films, dans un pays où l'accès aux armes est si facile… Je décide donc de changer mes habitudes. Je remplace mes marches rapides journalières par une heure de sport quotidienne chez moi. Mais je reste très rigoureuse : je m'astreins à une vraie discipline sportive, alimentaire, horaire, à laquelle les menaces, quelle que soit leur origine, ne changeront rien.

« Un coup violent au droit »

Je sais qui est Soleimani : un criminel à grande échelle, un tortionnaire. Un homme qui a permis à l'Iran d'obtenir cette influence régionale et internationale. Il était clairement l'homme à abattre. On me l'a demandé à plusieurs reprises : « Pourquoi enquêter sur le meurtre d'un tel criminel ? » N'y avait-il pas d'autres priorités auxquelles consacrer mon temps en tant que rapporteuse spéciale ?

J'ai toujours répondu de la même façon : je ne voulais évidemment ni protéger ni réhabiliter un criminel. La personnalité de Soleimani faisait partie des pièces du puzzle, mais elle n'était pas la plus déterminante. La plus importante, à mes yeux, était le fait que les Américains avaient, en tuant un représentant officiel d'un État, commis un crime qui non seulement méritait d'être dénoncé, mais qui aurait pu remettre en cause la stabilité géopolitique – déjà bien fragile – de la région et même du monde.

De plus, au-delà de l'impact immédiat de l'assassinat ciblé du général, j'étais – et je demeure – intimement persuadée que la guerre contre le terrorisme a contribué à affaiblir le droit international. Il s'agit d'une conclusion que je partage avec de nombreux juristes et autres experts en matière de droit et de relations internationales. Le meurtre de Soleimani a asséné un coup particulièrement violent au droit.

Mon enquête sur ce meurtre a au moins eu le mérite de contribuer aux réflexions sur le droit international, sur l'origine des conflits armés, sur les relations entre droit humanitaire et droits humains, et sur les risques gigantesques pour la paix internationale que posent ces assassinats ciblés.

Quant à l'Iran, les autorités du pays ont reçu mon rapport : elles ont apprécié mes conclusions, mais pas que j'écrive noir sur blanc qui était le général et les crimes présumés dont il s'était rendu coupable. C'était l'un des moyens que j'ai utilisés afin d'éviter que l'Iran instrumentalise le rapport. Les autres sont venus des nombreux États, y compris occidentaux, qui ont apporté leur soutien à mes conclusions. À moi, lors de chacune de mes interventions médiatiques, de rappeler la réalité des faits et du contexte.

Chapitre 13

Des victimes en cascade

Le 8 janvier 2020, soit cinq jours après l'assassinat de Soleimani, un Boeing 737 d'Ukraine International Airlines PS752 assurant la liaison Téhéran-Kiev est abattu : peu après son décollage, l'avion explose en plein vol avec à son bord 176 passagers et membres de l'équipage, en majorité iraniens et canadiens, pour beaucoup binationaux.

Ces morts sont d'abord les victimes de l'État iranien, dont les forces armées reconnaîtront, trois jours plus tard, avoir abattu « par erreur » l'appareil. Mais ils sont aussi les victimes indirectes de l'attaque contre Soleimani et du climat de très grande tension, presque de guerre, qui en découle.

Ces personnes sont mortes à cause de la montée en puissance de la militarisation de notre monde, des risques de drames et des réponses militaires toujours plus nombreuses. En effet, le jour du crash, les défenses aériennes iraniennes sont en état d'alerte maximale par crainte d'une attaque américaine. L'Iran a riposté à l'élimination du général en lançant des missiles contre une base utilisée par l'armée américaine en Irak et s'attend maintenant à une nouvelle frappe aérienne américaine. Quand le Boeing survole le pays peu après avoir décollé, la situation, déjà très dangereuse, prend une tournure dramatique.

Quelques minutes après le décollage de l'avion, un opérateur de l'unité de missiles TOR de la défense aérienne aurait détecté le vol comme une cible et tenté d'en informer le centre de coordination, mais pour des raisons inconnues, cette communication échoue. Peu après, l'unité tire son premier missile, qui touche l'avion, suivi d'un deuxième trente secondes plus tard. Les missiles sont tirés dans un délai d'une minute et quinze secondes après la détection du vol.

Une succession d'erreurs à l'origine du drame ?

Dès l'attaque contre le vol PS752 au-dessus de Téhéran, les liens avec le meurtre du général Soleimani m'apparaissent comme une évidence. Je ne peux donc limiter mon enquête à son seul assassinat. Il s'agit d'une question morale : comment puis-je justifier une seule enquête sur un acte illégal – l'assassinat de Soleimani – et ignorer les multiples meurtres des passagers de ce vol, toutes ces familles décimées ?

Je travaille six mois sur ce dossier dans le cadre de ma mission de rapporteuse spéciale. Je conduis de nombreux entretiens avec des proches des victimes, certains dont toute la famille a disparu – époux, enfants, parents, frères et sœurs –, des familles entières pleurant souvent des jeunes éduqués au Canada dans les meilleures universités, appartenant à l'élite intellectuelle et sociale, donc plus à même de connaître leurs droits, de faire du plaidoyer, d'investir temps et argent dans leur campagne pour la vérité.

J'entends aussi les arguments déployés par les Iraniens : dans un premier communiqué, les Gardiens de la révolution, l'armée idéologique de la République islamique, déplorent un « événement amer survenu à la suite de l'aventurisme inhumain des États-Unis et de leurs actions terroristes dans la région ». En clair : se sentant menacés, les Iraniens ont attaqué l'avion par erreur, croyant à une attaque américaine.

Selon un rapport d'enquête préliminaire iranien publié en juillet 2020, le drame résulterait d'une série d'erreurs humaines, dont un défaut de réglage du radar de la batterie de missiles ayant abattu l'appareil. Je dois donc comprendre quelles armes utilisait l'Iran, quels véhicules militaires (d'origine russe) ont tiré sur cet avion. Il me faut saisir comment ils fonctionnent, quelle est la nature des radars dont ils sont équipés…

Je fais alors appel à plusieurs experts militaires britanniques, américains, canadiens et allemands, entre autres. Avec mes collègues Bach et Carolyn, je les sélectionne sur la base d'articles dans les journaux spécialisés et de leurs réactions dans les médias sociaux. Nous nous assurons que leur travail est sérieux et reconnu. Lorsque je les contacte, leur expliquant ma démarche, chacun répond positivement. Ils ne veulent pas tous être cités ou reconnus, mais ils sont prêts à partager ce qu'ils savent. Le monde de l'armement est nouveau pour moi ; j'y découvre des personnes qui sont spécialisées dans la connaissance d'un type de chars, d'un radar en particulier ; des spécialisations très, très approfondies qui me seront précieuses.

Les questions que nous nous posons sont simples : les Iraniens disent-ils la vérité ? Cette « erreur » dont ils parlent est-elle plausible ? Pour y répondre, nous recréons la situation, effectuons des simulations, mais nous avons des doutes. Les choses ne se sont peut-être pas déroulées comme l'affirment les Iraniens. Nous sommes aussi amenés à nous intéresser au droit aérien civil international. Ce domaine, que je ne connais pas, se révèle passionnant.

Je veux enfin, et peut-être surtout, replacer cette attaque, comme celle survenue contre Soleimani, dans le cadre du droit international et des Conventions de Genève, ce qui me permettra de démontrer les multiples violations iraniennes y ayant abouti.

Plutôt un acte délibéré

En décembre 2020, j'écris au gouvernement iranien pour lui faire part de mes observations détaillées et lui poser des questions sur la frappe.

Cette lettre officielle, longue de 45 pages, fait état de multiples violations de la part des autorités iraniennes, à commencer par celle du droit à la vie des 176 passagers et membres d'équipage du vol PS752, résultant de la décision de soldats de recourir à la force meurtrière, à l'encontre des procédures habituelles, et de manquements systémiques aux règles de précaution.

Ma lettre accuse aussi les autorités iraniennes de violation du droit des familles à la vérité ainsi que de la liberté d'association et de manifester, de détentions arbitraires, de menaces, etc. J'estime de plus qu'elles n'ont pas enquêté sur l'attaque de l'avion civil conformément aux normes internationales.

Je rejette l'hypothèse d'une erreur de bonne foi, du simple soldat qui aurait, pour grossir le trait, appuyé sur un bouton sans faire exprès. L'avion a-t-il donc été délibérément attaqué ? Je dirais oui. Oui, mais je ne trouve pas de preuve concrète que son ciblage était intentionnel et prémédité. Je ne crois pas non plus à la version officielle : il y a beaucoup trop d'incohérences, y compris sur un plan éminemment technique en lien avec le fonctionnement des radars utilisés par les gardes révolutionnaires, que je détaille dans mon rapport. Les informations publiées jusqu'à présent ne permettent toujours pas de répondre à de nombreuses questions fondamentales et de clarifier les conjectures. Des soupçons subsistent à l'encontre des autorités iraniennes, et ce ne sont pas ces dernières qui apporteront des réponses.

Le calvaire des familles

J'apprends que les familles qui cherchent des explications sont harcelées, intimidées, menacées et même agressées physiquement. Les autorités leur refusent l'accès au site de l'accident et ne restituent pas l'intégralité des effets personnels des passagers, privant de nombreux proches du plus petit souvenir possible. Les responsables iraniens cherchent même à contraindre des familles à déclarer publiquement leur soutien au gouvernement, en les menaçant de ne pas restituer la dépouille de leurs proches. Nombreuses seraient celles qui se voient refuser des funérailles privées, les victimes étant déclarées « martyres », mortes pour leur pays.

Mais la population exige la vérité : dès le lendemain de l'attaque, les Iraniens descendent dans la rue. La réponse des autorités est un usage excessif de la force et des détentions arbitraires. J'obtiens même des témoignages selon lesquels les forces de sécurité auraient tiré à balles réelles sur les manifestants, visant dans certains cas la tête. Des centaines d'individus, principalement des étudiants, sont arrêtés et interrogés sans la présence d'un avocat. Ce n'est donc pas en Iran qu'il faudra rechercher la justice. D'où l'importance des enquêtes que mènent les rapporteurs spéciaux des Nations unies, les organisations de défense des droits humains et les médias d'investigation.

Un système aérien sous la menace des conflits armés

Pourtant, à la différence des Français ou des Américains dans d'autres dossiers, les Iraniens répondent à mon rapport, et en détail. Leurs arguments ne me convainquent pas, pas plus que les experts. Je me tourne vers le Canada, dont la plupart des victimes sont originaires, pour lui demander d'agir, de faire tout ce qui est en son pouvoir pour obtenir la vérité et protéger les familles. Je trouve les autorités canadiennes plutôt timorées, jusqu'en décembre 2022, quand elles se décident finalement à saisir la Cour internationale de justice, ce que j'ai recommandé au moment de mon enquête. Le Canada se joint à l'Ukraine, à la Suède et au Royaume-Uni pour réclamer formellement un arbitrage contraignant dans ce dossier, action qui lancera le processus visant à intenter des poursuites contre l'Iran et à indemniser les familles des victimes si le pays ne s'y conforme pas dans les six mois.

Je rencontre aussi des représentants des autorités danoises et néerlandaises, à la suite d'une autre attaque, celle du Boeing 777 de Malaysia Airlines abattu au-dessus de l'est de l'Ukraine en 2014 tandis qu'il se rendait d'Amsterdam à Kuala Lumpur avec 298 personnes à son bord. Une attaque que les autorités attribuent à la Russie. Le gouvernement des Pays-Bas met tout en œuvre pour faire la lumière sur ce drame et déterminer qui sont l'État et les personnes responsables. En 2022, un tribunal néerlandais condamne à la prison à perpétuité trois hommes accusés de meurtre, deux anciens membres des services de renseignement russes et un dirigeant séparatiste ukrainien. Tous trois sont jugés coupables d'avoir abattu l'appareil et tué les personnes qui se trouvaient à bord. Je souhaite rencontrer les enquêteurs néerlandais afin de mieux comprendre comment ils ont enquêté et abouti à leurs conclusions, mais aussi afin de m'assurer que mes recommandations plus systémiques s'accordent avec les leurs.

Cette enquête m'a en effet permis de découvrir que notre système aérien civil est très mal protégé quand les avions survolent des zones de conflit armé. Or elles sont toujours plus nombreuses et les avions qui nous transportent constituent autant de potentielles cibles accidentelles. Les Pays-Bas puis le Canada se positionnent comme les chefs de file de la promotion de changements visant à protéger l'aviation civile dans ou à proximité des zones de conflit. De mon côté, dans un second rapport, j'émets de nombreuses recommandations pour mieux protéger l'aviation civile dans les situations d'instabilité et de conflit[1]. Dans un monde où les tensions militaires et politiques sont exacerbées, avec une recrudescence des conflits et un accès à des armes de qualité mili-

1. www.ohchr.org/sites/default/files/Documents/Issues/Executions/StatementCommercialAirlinesConflictZones_Jan2021.pdf.

taire, je suis persuadée que le système international responsable de la sécurité aérienne civile n'est pas adapté. Il doit être optimisé et réformé de toute urgence.

Donner du sens à la mort

Cette deuxième enquête sur le vol PS752 n'est pas mieux reçue que la première sur Soleimani. Le monde souhaite tourner la page au plus vite, afin d'éviter toute aggravation de l'instabilité internationale, les tensions d'alors pouvant aboutir à un conflit à grande échelle. J'en suis parfaitement consciente. Nous en parlons fréquemment avec mon équipe au cours de ces mois d'enquête. Comment éviter d'aggraver les tensions ? Je pense que nous y sommes parvenus, en restant strictement dans le cadre légal. En étudiant les faits et leur interprétation de façon répetée. En demandant des avis de plusieurs experts, en prenant notre temps, en écrivant nos conclusions prudemment.

Mais, maintenant que le temps a passé, mon enquête a-t-elle eu un réel impact ? Je me pose la question. J'espère qu'elle a démontré aux familles du vol PS752 qu'elles n'étaient pas seules, qu'elle leur a permis de poursuivre leur quête de justice. Qu'elle leur a donné plus de munitions pour exiger des autorités canadiennes qu'elles se tournent vers la Cour internationale de justice.

Malheureusement, mon travail ne m'a pas permis d'apporter des réponses définitives. Comment donner un sens à ces morts terribles et insensées sans l'acte de justice ? Le fait que les conclusions ne soient pas finales, que les doutes subsistent quant à ce qui s'est passé et aux possibles motifs derrière l'attaque, ajoute de façon incommensurable de la peine à la peine.

Les familles continuent malgré tout de se battre avec des équipes d'avocats au Canada. Et elles font avancer les choses, mettant toujours l'État iranien en défaut, le contraignant à se défendre devant une cour internationale. Leur résilience m'inspire. Souvent, je rencontre des politiques, diplomates ou fonctionnaires qui semblent penser qu'elles se lasseront. Qu'elles abandonneront leur recherche de vérité et de justice. Ils ont bien tort. Certains perdront la force. Certains la perdront pendant quelques mois ou années puis la retrouveront. Mais croyez-moi, il y en aura toujours et encore qui ne laisseront jamais, jamais tomber.

Chapitre 14

La deuxième ère des drones

Durant ma carrière d'enseignante, je me suis intéressée à des problématiques juridiques plus récentes telles que les meurtres par des groupes armés, les morts illégales de migrants et réfugiés, et l'utilisation de drones pour des meurtres ciblés.

À l'heure qu'il est, le monde est entré dans une « deuxième ère des drones », comme certains l'ont qualifiée, dans laquelle un large éventail d'acteurs étatiques et non étatiques déploie des technologies toujours plus avancées, faisant de leur utilisation un enjeu de sécurité majeur. Au moins 102 pays et 20 groupes armés auraient développé ou acquis des drones militaires actifs. Cette utilisation croissante s'accompagne d'un mépris réel des principes essentiels du droit international. Il n'y a plus de guerres sans drones, de la Libye à l'Ukraine, en passant par la Somalie, la Syrie ou le Mali.

La guerre 2.0

Les drones sont encore téléguidés par une main humaine, qui prend la décision de tirer. Mais une nouvelle ère pointe son nez très rapidement, les ingénieurs développant des armes qui vont penser par elles-mêmes. Qui, en dehors de toute intervention humaine, vont déterminer quand et où tirer sur la base des informations qu'elles vont collecter… Les organisations des droits humains appellent ces armes les « robots tueurs ».

La prise de décision est réalisée sur la base de millions de données récoltées par l'appareil. Aujourd'hui, quand le drone survole une zone, il capture ces informations. Les données sont analysées très rapidement pour permettre de déterminer si les populations observées détiennent des armes, ce qu'elles sont en train de faire, si des individus correspondent à des personnes recherchées… Puis un militaire collecte ces informations, fait repasser le drone au-dessus de la zone. Finalement, ce sont des humains qui analysent et déterminent s'il faut tirer ou pas. Quitte à faire le mauvais choix : l'individu visé ne présentait finalement aucun danger ; un bus rempli d'enfants est arrivé sur zone entre-temps ; la météo a changé et on ne voit plus aussi bien… Mais la décision reste humaine. On parle toutefois d'armes – qui, selon moi, existent déjà et sont actuellement testées – pour lesquelles, très prochainement, il n'y aura plus d'intervention humaine :

le drone va prendre seul la décision de tirer. Ce qui paraît totalement fou.

Permis de tuer

Sur ce point, des experts affirment que le drone est plus précis que l'humain. Qu'il y aura moins de morts collatérales, que les machines disposeront de meilleures capacités que les humains à enregistrer des données qui devraient justement empêcher de tirer à tort. Ce qui est possible. Mais à mes yeux, le problème n'est pas là.

Premièrement, ces innovations vont permettre de tuer beaucoup plus de gens. C'est le principe même des drones : vous frappez sans prendre le moindre risque, sans envoyer aucun soldat sur place. Or la seule raison pour laquelle des États, ou plutôt des dirigeants politiques, renoncent à faire la guerre, c'est la crainte de voir revenir des gamins de 20 ans dans des cercueils ou gravement blessés. Le « coût humain » des guerres, comme on dit. Mais si, grâce aux drones, des dirigeants peuvent déclencher un conflit depuis leur bureau sans engager de troupes, rien ne les en dissuadera.

Deuxièmement, la décision de tuer ne doit-elle pas demeurer humaine, même avec tous les problèmes que cela comporte ?

Troisièmement : en cas d'erreur, de tirs sur des populations civiles par exemple, va-t-on traduire un robot en justice ? Un robot qui décide, qui pense et qui serait amené à comparaître devant un tribunal ?

Des robots si humains

Je voulais rédiger mon dernier rapport en tant que rapporteuse spéciale de l'ONU sur le thème de la robotique et du droit à la vie, mais j'ai démissionné un an avant cela afin de rejoindre Amnesty International. Je souhaitais étudier les conséquences du fait de confier des tâches de plus en plus complexes à des robots, et les impacts dans les domaines de la santé, des soins des personnes âgées, nos sociétés se transformant en profondeur et modifiant aussi la définition de l'humain. La capacité de l'intelligence artificielle à apprendre et développer des compétences beaucoup plus importantes que celles que la programmation initiale (humaine) lui a attribuées constitue un réel défi. Pourra-t-on empêcher les robots de développer des velléités de violence et de contrôle à l'égard des humains ? Dans quelle mesure pourra-t-on les déprogrammer ? Reprendre le contrôle ? Quelles sont les implications de la reprogrammation ou de la déprogrammation d'un robot qui a acquis de l'empathie, de l'amour et une conscience de soi ? Dans la mesure où les robots parviennent à apprendre l'empathie, à développer une conscientisation, ne pourraient-ils pas se voir attribuer des droits dérivés des droits humains ?

La science-fiction évoque ces questions depuis des années, mais nous y sommes, pour de vrai. Cela n'a rien de fou : je ne vois pas comment nous pourrons y échapper.

On attribue bien des droits aux rivières

Un nombre grandissant de tribunaux attribuent des droits à des animaux, en particulier certains singes qui possèdent une conscientisation et une évolution très proches de nous et sont capables de sentiments, d'empathie, de douleur, pas seulement physique. Dans d'autres pays, on reconnaît que des parcs, des forêts ou des rivières détiennent une personnalité juridique propre qui s'accompagne de droits tels que ceux à la vie, d'être à l'abri de la pollution, d'intenter des poursuites. Lancé en Amérique latine, par l'Équateur, la Bolivie, le Mexique et la Colombie, ce mouvement comprend maintenant l'Inde, la Nouvelle-Zélande, l'Australie, le Bangladesh, les États-Unis…

Je pense que cette évolution va s'accentuer avec le changement climatique et la recherche de justice climatique. Elle nous oblige à réfléchir sur « notre » construction du monde, au centre duquel nous avons depuis longtemps placé l'être humain, comme seul élément essentiel autour duquel tout tourne.

Chapitre 15

Mes engagements pour la liberté d'expression

2004, retour à Londres. Après avoir achevé ma mission avec HAP – mise en œuvre et évaluation de trois actions dans des contextes humanitaires différents, suivies de la mise en place d'un système d'autorégulation –, je quitte mon poste et deviens directrice exécutive de l'ONG Article 19 pour les neuf années à venir, jusqu'en 2013.

Article 19 est une petite organisation de défense de la liberté d'expression et d'information d'une quinzaine d'employés. Très anglophone, très cotée, plutôt discrète. Quand j'intègre l'association, elle connaît de sérieuses difficultés. Elle est financièrement dans le rouge et son conseil de direction se demande même si elle a un avenir. Mes premières attributions sont donc de déterminer si un futur est envisageable, et si oui, pour quoi faire.

Agir sur le terrain

À l'époque de mon embauche, soit trois ans après le 11 septembre 2001, la liberté d'expression et d'information constitue un sujet capital dans le monde. Nous sommes aux débuts d'Internet et il ne fait aucun doute qu'une organisation comme Article 19, spécialiste des lois et des politiques relatives à la liberté d'expression, a toute sa place. Il n'en reste pas moins que la première année est très dure. Je déploie une stratégie de travail sur quatre ans, puis je me mets à la recherche de bailleurs de fonds pour nous financer, car non seulement nous n'avons pas d'argent, mais nous sommes aussi criblés de dettes. Et ça fonctionne : quand je quitte l'association, neuf ans plus tard, nous sommes près d'une centaine d'employés à travers le monde et les comptes sont assainis.

L'un des premiers rapports sur lesquels je travaille concerne la liberté des médias dans le contexte de démocratisation de l'Europe de l'Est. Les structures institutionnelles pour protéger la démocratie s'y installent progressivement ; il faut donc s'intéresser de près à la protection de la liberté de la presse, former et encadrer des journalistes professionnels avec de véritables codes de déontologie – cette question fondamentale de la définition du journaliste se posera de nouveau plus tard, avec l'explosion des médias sociaux et des blogueurs.

Mon objectif principal reste cependant de globaliser Article 19 et d'ouvrir des antennes partout dans le monde. Il faut transformer radicalement l'organisation et la tourner vers l'international en ouvrant des bureaux régionaux : Mexique, Sénégal, Brésil, Kenya, Bangladesh… Ma vision : travailler avec des locaux, pour que chaque bureau régional développe sa propre identité et sa propre expertise, mais les réalisations de chacun servent à tous.

Au Mexique, par exemple, mes collègues développent une grande expertise concernant la protection des journalistes contre les attaques physiques et les menaces. Nous mettons en place des refuges pour les journalistes menacés. Nous les sortons de là où ils vivent s'ils se savent visés, leur fournissons des téléphones portables, et travaillons avec les procureurs pour que les risques encourus soient mieux pris en compte. Nous trouvons de l'argent pour protéger les résidences des journalistes en les équipant notamment en vidéosurveillance. À cette époque, je travaille avec la journaliste mexicaine Lydia Cacho. Cette femme remarquable de courage et d'intelligence a été enlevée et torturée par des politiciens véreux impliqués dans les réseaux pédophiles sur lesquels elle a enquêté. C'est avec elle qu'Article 19 a développé son action sur la protection des femmes journalistes, défenseuses des droits humains et activistes. Elle est devenue une de nos porte-parole à l'échelle mondiale.

Au Brésil, nous nous intéressons à la liberté de la presse et à l'accès aux informations détenues par les pouvoirs publics, un sujet qui a pris une part considérable dans notre travail. Nous nous impliquons dans la défense contre les plaintes pour diffamation, technique favorite des dirigeants pour censurer les enquêtes critiques à leur égard. En effet, des centaines de plaintes sont déposées à tous les niveaux judiciaires, partout, dans tous les États, contre des journalistes pour les empêcher de travailler lorsque nous sommes sur place.

Au Sénégal et en Gambie, notre travail porte sur l'accès à l'information des femmes et des filles en matière de sexualité, de santé natale et prénatale : comment faire en sorte que, dans les endroits reculés, elles puissent disposer des informations dont elles ont besoin pour prendre des décisions concernant leur santé, leurs droits sexuels, la contraception ou des blessures comme la fistule. Des femmes vivent avec pendant toute leur vie, alors qu'il existe des solutions peu coûteuses pour y mettre un terme. Mais sans informations sur leurs droits en tant que patientes et sur les options médicales, elles n'ont pas les moyens de demander, de dénoncer. L'information est la clé de voûte de tout système de santé. Le poids culturel, la honte des femmes face à leur maladie, l'arrogance et le manque de compassion de certains membres du secteur médical font qu'elles n'osent pas demander ce qui leur est dû. Elles vivent recluses, dans la honte, rejetées de tous et de toutes.

Au Pérou, nous œuvrons surtout pour le droit à l'information dans le cadre de l'avortement. Même dans les pays où celui-ci n'est pas autorisé, il existe toujours des cas de figure où il peut l'être. Mais, en général, les femmes ne connaissent pas leurs droits, et les médecins ignorent les exceptions à la criminalisation des avortements, ou ne savent pas comment les mettre en œuvre.

Faire changer les lois

C'est depuis nos bureaux de Londres, où nous sommes aussi actifs que sur le terrain, que nous trouvons les financements et fournissons un travail juridique comme politique. Mes collègues juristes développent le cadre de la protection de la liberté d'expression, rédigeant des analyses détaillées des projets de loi pour déterminer s'ils sont en accord avec les normes internationales. Quant à nos rapports, ils permettent à nos collègues partout dans le monde de rédiger des plaidoyers solides auprès des pouvoirs publics.

Et notre travail porte ses fruits : ce n'est pas facile, mais nous arrivons à faire changer des lois. Au Mexique, par exemple, nous obtenons la mise en place d'un bureau du procureur uniquement consacré aux violences faites aux journalistes. Malheureusement, des personnes incompétentes ou peu concernées sont nommées, sabotant le projet.

Toutes ces avancées nous font grandir. Nous connaissons des tensions, des démissions, mais j'ai beaucoup de chance de travailler avec un conseil de direction qui me soutient toujours, même en temps de crise.

Sur un plan personnel, Article 19 me permet d'abord de valoriser mes capacités d'entrepreneuse. J'apprends à développer une vision stratégique, à la mettre en œuvre, à vendre notre expertise. Je frappe à toutes les portes pour trouver de l'argent : les gouvernements, les fondations… Et j'en trouve, suffisamment en tout cas pour mettre en place des projets ambitieux. Article 19 n'a jamais bénéficié d'un éclairage médiatique important, mais les donateurs et les autres organisations savent qu'ils peuvent compter sur nous.

Répondre à la haine

Article 19 tente aussi, à travers le monde, d'apporter des réponses aux discours de haine. En 1989, c'est même la première organisation à protéger Salman Rushdie quand il est menacé de mort par le gouvernement islamique iranien. Lorsque je rejoins l'équipe en 2004, la fatwa est levée, mais d'autres individus sont menacés par leurs gouvernements, par des groupes armés ou des religieux intégristes partout dans le monde. Les problématiques de liberté d'expression, de législation contre les discriminations commencent à dominer les débats nationaux et sont en passe de devenir des questions d'ordre international.

Or les discours de haine constituent un thème compliqué pour une organisation de protection de la liberté d'expression, à l'époque comme aujourd'hui : comment estimer qu'un discours peut être considéré comme une incitation à la violence ou à la haine ? Doit-on prendre en compte un quidam suivi par trois personnes sur Twitter comme un président de la République ou un leader religieux ? Quelle est la capacité à influencer les autres de celui qui parle ? Quels moyens cette personne utilise-t-elle : des médias de masse ou un texte photocopié distribué au coin des rues ? Comment réguler les discours de haine ? Quel cadre juridique, politique mettre en place ?

Il est entendu que, sous le droit international, la liberté d'expression n'est pas absolue et qu'elle doit ou peut être limitée. Lorsque le discours véhicule la haine, et donc potentiellement nie ou viole les principes centraux de l'égalité de tous les êtres humains et de la non-discrimination, les États ont l'obligation de le restreindre. Malheureusement, les conventions internationales n'ont pas offert la même réponse ou le même seuil quant au type d'expression pouvant être restreint ainsi qu'à la nature et l'étendue des restrictions légitimes. Il faut donc se confronter frontalement aux discours de haine afin de pouvoir apporter des lignes directrices normatives et pratiques.

L'affaire des caricatures danoises

Au début du XXIe siècle, les réseaux sociaux n'existent pas encore, mais les discours de haine se propagent malgré tout, poussant les gouvernements, au lendemain du 11 septembre 2001, à adopter une série de lois visant à criminaliser les prises de position en rapport avec le terrorisme ou plus généralement les discours en ligne. Alors qu'en 2005 la résolution 1624 du Conseil de sécurité des Nations unies exige des États qu'ils interdisent l'incitation à commettre un acte terroriste, les gouvernements vont au-delà de leurs obligations internationales en adoptant ou en mettant en œuvre avec force un certain nombre de dispositions relatives aux délits d'expression liés au terrorisme, y compris l'incitation au terrorisme (conformément à la résolution de l'ONU), mais aussi à sa glorification, sa provocation, sa justification ou sa propagation, ainsi qu'à la circulation ou la distribution de matériel terroriste.

Quatre ans après le 11 Septembre, éclate le scandale provoqué par les caricatures de Mahomet exécutées par douze dessinateurs et parues le 30 septembre 2005 dans le quotidien danois *Jyllands-Posten*. Ces caricatures se voulaient une réponse à l'écrivain Kåre Bluitgen qui se plaignait que personne n'ose illustrer son livre sur Mahomet depuis l'assassinat, le 2 novembre de l'année précédente, du réalisateur néerlandais Theo Van Gogh par un islamiste.

Quand les dessins paraissent, la religion musulmane en règle générale est déjà dépeinte comme violente et relevant du terrorisme. Ils nous obligent à déterminer les limites de la liberté d'expression tout en étant prêts à nous battre pour les écrits pouvant choquer, mais ne dépassant pas les limites établies par le droit international. Avec mes collègues du monde entier, dont des musulmans, nous travaillons le sujet en profondeur. Nous concluons que la grande majorité des caricatures ne vont pas au-delà de l'acceptable. L'une d'entre elles cependant nous semble problématique et peut être considérée comme constituant une incitation à la haine de l'autre, en associant assez directement l'islam ou Mahomet à un terroriste. En d'autres termes, cette caricature viole les principes de l'article 20 du Pacte international relatif aux droits civils et politiques, qui stipule que « toute propagande en faveur de la guerre est interdite par la loi » et « tout appel à la haine nationale, raciale ou religieuse qui constitue une incitation à la discrimination, à l'hostilité ou à la violence est interdit par la loi ».

Certaines organisations campent sur leurs positions : « On peut dessiner ce que l'on veut au nom de la liberté d'expression. » À Article 19, nous nous démarquons de cette affirmation qui s'inspire largement du modèle américain du premier amendement. Nous insistons sur la primauté du droit international, qui reconnaît que tout ne peut pas être dit et écrit, et sur l'importance de l'article 20, qui pose la question de l'incitation à la haine.

Aujourd'hui encore, le rapport que nous avons écrit constitue la base de ce qui est à l'heure actuelle un des documents clés des Nations unies sur l'incitation à la haine. Nos « principes de Camden » ont mis en avant les relations entre haine et liberté d'expression, liberté des médias et certaines recommandations, pour faire en sorte que, dans la mesure du possible, on préserve l'espace de réflexion, de débat, tout en reconnaissant que les médias ont une certaine responsabilité par rapport à la façon dont ils traitent des sujets sensibles.

Religion et diffamation

Immédiatement après les caricatures danoises, un autre débat se déroule au sein des Nations unies : la religion – la foi, les dogmes, les sacrements, les symboles, etc. – doit-elle être protégée des critiques, des moqueries, des insultes ou plus généralement des propos « offensants » ?

Au départ, les résolutions contre la diffamation des religions sont adoptées à l'unanimité, y compris par les États occidentaux. Puis, progressivement, elles deviennent l'objet de toutes les colères. Les questions sur la place des religions en général, et de l'islam plus particulièrement, deviennent l'objet d'enjeux géostratégiques ainsi que le symbole de conflits normatifs, et d'énormes tensions apparaissent à l'ONU.

Les débats mettent en évidence un fossé profond entre ceux qui croient que la critique ou la moquerie des religions ne doivent pas être tolérées et ceux qui soutiennent que la religion ne peut avoir droit à une protection spécifique. Celui sur la diffamation de la religion au Conseil des droits de l'Homme est l'occasion pour les deux positions, et quelques-unes intermédiaires, de se confronter.

Article 19 se montre pondéré, recommandant de s'appuyer sur le droit international et en particulier sur l'article 20. Avec mes collègues, nous formulons des propositions pour dépasser les clivages et la polarisation, malgré un contexte international très complexe – George W. Bush est le président des États-Unis, et nous sommes toujours dans l'après-11 Septembre…

Mais les États occidentaux et ceux musulmans sont braqués les uns contre les autres et aucune discussion n'est possible. Les premiers s'attaquent à la résolution sur la diffamation de la religion – alors que nombre d'entre eux ont encore des lois contre le blasphème –, tandis que les seconds dénoncent toute diffamation de ce type – il suffit pourtant d'ouvrir par exemple un journal iranien pour découvrir les insanités proférées contre les juifs. Quant aux États-Unis, jusqu'à l'élection de Barack Obama, ils refusent tout compromis au nom du premier amendement.

Le débat aux Nations unies s'achève dix ans plus tard avec le meilleur résultat que les deux parties pouvaient espérer : une importance accrue portée aux pistes d'action pour réduire l'intolérance et la discrimination religieuses, y compris légales, en mettant l'accent sur l'article 20.

Global Freedom of Expression

En fin d'année 2013, je suis contactée par le président de l'université Columbia à New York. Il veut mettre en place une nouvelle structure consacrée à la liberté d'expression et pas seulement sous l'angle du premier amendement, comme c'est souvent le cas aux États-Unis.

Je suis chargée de plusieurs missions, mais la plus importante consiste à créer une base de données sur la liberté d'expression, en particulier sur la jurisprudence issue de cours nationales, régionales et internationales. La construction de l'État de droit se réalise par l'intermédiaire des cours de justice, des plus petits tribunaux jusqu'aux cours constitutionnelles ou suprêmes. J'étudie la façon dont la liberté d'expression est interprétée par des tribunaux à travers le monde et je relève les points communs qui peuvent exister.

Aidés par l'intelligence artificielle, nous abattons un travail de fourmi, analysant les bases juridiques d'environ 1 500 décisions de justice partout dans le monde, les références ou précédents mis en avant et leur portée, et les comparant : ont-elles des standards en commun ? Usent-elles d'un même langage, de références, de points de départ communs ?

Nous travaillons au développement d'un site et à son cadre d'étude durant huit mois. Huit mois de travail acharné, ponctués d'un grand nombre d'échanges avec des experts du monde entier afin de se mettre d'accord sur les mots clés les plus universels possible, dans le plus grand nombre de langues possible. Fin 2014, le site est lancé[1].

Charlie Hebdo

Puis ont lieu les attentats contre *Charlie Hebdo* et l'Hypercacher de la porte de Vincennes.

Je suis en Australie ce 7 janvier 2015. Je suis plongée dans un état de choc, d'horreur, de sidération. Je passe la nuit devant la télévision. Le monde entier est sidéré.

Au cours des mois suivants, des actes de violence de masse se produisent au Moyen-Orient, en Europe occidentale, en Asie du Sud, provoquant des centaines de victimes. Des groupes militants islamiques prennent pour cible des journalistes, des blogueurs et des communicants sociaux en général, tuant au moins 30 journalistes dans 8 pays en quelques années[2].

Depuis une dizaine d'années, nous savons que les journalistes qui osent s'ériger contre les extrémismes religieux sont en danger, mais, dans le contexte de « guerre contre le terrorisme » de l'époque, les tensions se révèlent de plus en plus vives et les menaces précises.

---

1. https://globalfreedomofexpression.columbia.edu.
2. https://cpj.org/blog/2016/01/from-france-to-syria-press-at-risk-from-islamic-ex.php.

Charlie Hebdo a déjà fait l'objet d'une attaque en 2011, un incendie criminel que trop peu de gens ont pris au sérieux. Les menaces étaient là en soi, planaient au-dessus de nous, même si personne n'aurait pu penser que des tueurs iraient jusqu'à utiliser une telle violence en France.

L'attentat qui a ciblé *Charlie Hebdo* déplace l'orientation des politiques conduites à la suite des caricatures danoises : il ne s'agit en effet plus de savoir si les croyances et sentiments religieux doivent être protégés contre les moqueries et les insultes, mais plutôt comment protéger la société contre certaines croyances religieuses, étiquetées « extrémistes ».

De plus, les attentats de 2015 démontrent que l'État islamique est un mouvement international dont les capacités de nuire s'étendent bien au-delà du Moyen-Orient. Cette prise de conscience donne un nouvel élan à la réponse militaire, elle aussi de nature internationale, qui accompagne les mesures politiques et juridiques mises en œuvre quasi mondialement pour s'attaquer aux bases dites idéologiques du terrorisme, y compris ses idéologues, leurs discours et leurs moyens de communication. Très rapidement, nombre de lois liberticides sont votées un peu partout, qui visent à réprimer toute opposition politique ou dissidence, religieuse ou non. Dans certains cas, ces lois aboutissent à criminaliser des discours ou des pratiques religieuses en dehors du cadre international permis.

Des provocateurs, oui, des racistes, non

Je n'apprécie pas du tout la façon dont les médias à l'étranger, anglo-saxons en particulier, ont relaté ce drame atroce. La question n'était souvent pas de savoir si *Charlie* jetait de l'huile sur le feu mais plutôt de les accuser de racisme. Les articles blâment tous un peu *Charlie*, pointent du doigt sa supposée irresponsabilité, sa prise de risques, son prétendu manque de respect. Aucune loi n'empêche de publier des caricatures de Mahomet aux États-Unis, contrairement à plusieurs pays d'Europe, mais pas un journal américain ne le fait. La sensibilité à la religion, à toutes les religions, y est bien plus prépondérante, prégnante qu'en Europe. En Grande-Bretagne non plus, ces caricatures ne sont pas republiées. En réalité, il n'existe pas vraiment de tradition à la *Charlie Hebdo* dans le monde anglo-saxon.

J'ai donc pris position. Les membres de *Charlie Hebdo* étaient-ils des provocateurs ? Oui. Des racistes ? Non. Celles et ceux qui ont été assassinés à Paris se battaient au contraire tous contre le racisme. Toute leur vie, tout leur travail personnel le démontraient.

Chapitre 16

Qu'est-ce qu'un djihadiste ?

Lorsque je rejoins Columbia en 2013, je travaille depuis quelques années déjà sur ce que l'on appelle la « radicalisation. » Il s'agit en fait du prolongement du travail que j'ai effectué avec mes collègues d'Article 19 sur les discours de haine et l'incitation à la violence. L'environnement aidant, toutes les recherches s'orientent de plus en plus vers les discours incitant à la radicalisation ou au terrorisme.

Je rédige quelques documents, j'effectue des recherches. Je m'intéresse aux cas de personnes « radicalisées », notamment aux États-Unis, et je m'interroge sur la façon dont le système judiciaire américain les traite par rapport au système français ou britannique. Je réfléchis aux définitions même de la radicalisation et de l'extrémisme, aux termes « terrorisme », « djihadiste », et « islamiste » – tous les termes qui semblent définir les premières décennies de ce XXIe siècle. Les critiques adressées en profondeur à ces notions, surtout de la part de personnes qui, comme moi, se situent à la périphérie de l'étude de ces phénomènes, ne sont pas rares, mais elles ne sont pas entendues, alors qu'à mon sens nous faisons face à une fraude : politique, intellectuelle, juridique et historique.

Études sur la radicalisation

Je suis tout à fait consciente que nous nous heurtons à des phénomènes auxquels la société et les pouvoirs publics se doivent de répondre. Ils fragilisent les individus, les familles, les communautés et les États. Les actes de grande violence se multiplient à travers le monde et il ne fait aucun doute qu'ils sont en lien avec des idéologies qui prônent la violence, y compris sur des bases religieuses ou communautaires. L'étude de tels phénomènes dans des buts d'application directe, en premier lieu la prévention, s'impose. Elle demande une grande probité scientifique et intellectuelle. Mais en règle générale, à l'époque, les recherches effectuées sur la radicalisation et l'extrémisme ne critiquent pas les concepts non scientifiques et leur origine. L'argent coule à flots, tous les États veulent leurs propres études, leurs centres de réflexion, et les résultats qui en découlent permettent d'améliorer l'impact des politiques nationales ou internationales sans toutefois remettre en cause les a priori sur lesquels les politiques sont fondées. Vous ne retrouverez nulle part dans cette littérature appliquée de conclusions disant : « Ces concepts ne veulent rien dire. Il faut trouver d'autres outils pour réfléchir aux phénomènes de violence auxquels nous devons faire face. » Pourtant, les études sur les femmes « radicales », les enfants « radicaux », sur la façon dont Internet entraîne des phénomènes de radicalisation sont légion, mais à l'époque en tout cas, elles posent trop rarement les questions qui fâchent. Quelques anthropologues effectuent un travail sérieux, notamment en France. Certains chercheurs et journalistes s'interrogent sur le rôle de l'Arabie saoudite par exemple, dont le modèle religieux a été exporté à travers le monde.

Peu en ce début des années 2010 soulèvent alors la question des black blocs, des groupes d'extrême droite ou d'extrême gauche, s'interrogeant sur leur radicalisation, suggérant qu'ils peuvent constituer des groupes terroristes. Aux États-Unis, les milices d'extrême droite sont enfin pointées du doigt comme la principale source d'insécurité dans le pays, notamment depuis l'assaut du Capitole au début de l'année 2021. Cette prise de conscience a pris beaucoup de temps, mais au moins commence-t-elle à émerger.

À l'époque toutefois, le manque de rigueur dans l'étude des fondements théoriques des phénomènes que nous étudions est saisissant. Les chercheurs (y compris moi) se retrouvent bien trop souvent à entériner les biais et préjugés, si ce n'est le racisme, sous-jacents à ces concepts.

Prenons comme exemples deux événements survenus le même jour, le 29 octobre 2020. À Nice, un homme assassine trois personnes en la basilique Notre-Dame. C'est un attentat, une attaque décrite comme terroriste. Quelques instants auparavant, à plusieurs centaines de kilomètres de là, à Avignon, un homme est abattu par la police. Très vite, on parle – encore – d'un musulman qui voulait commettre une attaque. Des médias relaient l'information. Or elle se révèle totalement fausse. C'est même tout le contraire puisque l'homme, qui se nommait Fabien Badaroux, se réclamait en réalité de l'organisation d'extrême droite Génération identitaire et venait de menacer à l'arme automatique un automobiliste d'origine maghrébine. D'après la presse, la police a retrouvé à son domicile des objets et effigies nazis ainsi qu'une collection d'armes blanches. Et quand ces informations sont enfin connues, quand tout le monde se rend compte que cet acte n'avait rien à voir avec l'attentat terroriste de Nice, qu'il était le fait d'un petit néonazi qui attaquait des personnes arabes, plus personne n'en parle plus.

En France, le gouvernement, les médias, une partie de la population ont entériné cette façon de voir les choses. La radicalisation ne peut être que le fait d'une partie bien précise de la population, les musulmans ou les personnes d'origine maghrébine.

Contre ces phénomènes, on légifère dans l'urgence comme s'il n'existait pas suffisamment d'instruments juridiques qui nous permettraient de mener des actions efficaces. Puis cette urgence se normalise et les initiatives prises dans la tourmente se retrouvent codifiées dans le long terme. Radicalisation, djihadisme, séparatisme : autant de constructions politiques qui aboutissent à de nouvelles normes et de nouvelles cibles, qui permettent d'extraire un « vrai » Français, un « vrai » Américain... Ces termes créent des émotions et ce sont ces émotions qui tiennent lieu de définition. En les utilisant, on crée ou on impose une « vérité » dont la valeur première est de justifier des choix politiques, pas d'expliquer.

Le pouvoir législatif devrait jouer un rôle crucial en la matière : poser les questions qui s'imposent sur les motivations et les conséquences, en débattre longuement. Or, en France comme dans beaucoup d'autres pays, les débats sur les questions de terrorisme et de sécurité n'ont pas lieu. Le Parlement ne joue pas son rôle, ou pas suffisamment. Tout devient caricatural, la réponse politique comme le traitement médiatique de certaines questions. Je tiens à souligner cependant le travail de la société civile française, des avocats, de certains médias comme Mediapart, qui s'organisent et entreprennent un travail en profondeur, loin des réponses rapides et superficielles à des problèmes ou questions éminemment complexes. La polémique sur l'article 24 de la loi « sécurité » qui visait à protéger les forces de l'ordre en opération en pénalisant la diffusion malveillante de leur image, jugé contraire à la Constitution par le Conseil constitutionnel en mai 2021, a permis une petite prise de conscience, mais trop brève.

Depuis l'affaire des caricatures danoises, les médias devraient avoir eu le temps de réfléchir à la meilleure façon de traiter ces questions. Mais ce n'est toujours pas le cas. En France comme ailleurs, ils se contentent de mettre en avant les discours ou les pratiques aux extrêmes, en se disant que de cette façon, ils sont impartiaux ! Je trouve détestable ce type de journalisme. On ne crée pas l'équilibre en misant sur deux extrêmes. Vous trouverez toujours un illuminé pour dire des horreurs et passer à la télévision. Mais s'en contenter, ce n'est pas du journalisme. Lors de l'affaire des caricatures danoises, en 2005, combien de fois ai-je assisté devant mon écran à des débats se limitant à inviter deux extrémistes, un de chaque bord ? Celui qui disait : « Vous voulez tout censurer ! » et celui qui répondait : « Les chrétiens devraient tous être décapités ! » Chaque fois que j'ai été interviewée sur ces questions, j'ai essayé de rester modérée, même si les journalistes essayaient de me faire tenir des propos qui leur permettraient de me situer dans l'un des extrêmes qu'ils cherchaient à rationaliser. J'en suis arrivée à la triste conclusion qu'il est souvent impossible de faire passer un discours nuancé à la télévision, que trop de journalistes ont recours aux raccourcis, tout comme les politiciens.

Réponse militaire aux dépens du judiciaire

À l'échelle internationale, la confluence du terrorisme et du djihadisme permet aux États occidentaux et aux pays du Golfe en particulier, mais pas seulement, de multiplier les interventions militaires sur des territoires étrangers. Pour avoir beaucoup travaillé avec les victimes de groupes armés comme l'État islamique, Boko Haram ou Al-Qaeda, je peux conclure sans aucune hésitation qu'elles ne font jamais partie des motivations à l'origine des interventions militaires. Elles sont malheureusement largement instrumentalisées afin de justifier des actions qui visent principalement à protéger nos sociétés et frontières. Où sont les visions politiques, en dehors de l'action militaire ? Où sont les propositions de tribunaux pour que justice soit rendue ? En quoi prend-on vraiment soin des victimes en dehors de la doctrine qui consiste à abattre l'ennemi ? Quel avenir envisage-t-on pour elles ? Si les opérations militaires internationales sont voulues et demandées par les gouvernements des États attaqués par ces groupes armés et, encore mieux, si elles sont autorisées par le Conseil de sécurité de l'ONU, il est indispensable qu'elles soient aussi fondées sur une analyse des racines multiples de ces conflits, telles que les injustices historiques, la répression, le changement climatique, la désertification, la pauvreté. De telles interventions militaires devraient aussi s'accompagner d'une vision post conflit, d'un travail en profondeur avec les parties prenantes politiques et de la société civile, afin de soutenir, en toute humilité, un projet de société et de justice.

En Irak, où des milliers de membres présumés de Daesh sont emprisonnés, condamnés à mort, quelle justice a été mise en place ? Le gouvernement s'est lancé, à la fin de la guerre, dans une vaste entreprise judiciaire en utilisant principalement la loi antiterroriste, qui est pourtant vague et qui englobe sans réelle distinction des crimes graves et des crimes mineurs. Cette loi a permis aux autorités judiciaires de se contenter de prouver l'appartenance à une entreprise terroriste, plutôt que l'intention et la mise en œuvre d'actes spécifiques de violence tels que les meurtres de masse. La loi antiterroriste fait de l'État la principale victime. Pas les gens. En effet, alors que les autorités judiciaires ont à leur disposition plusieurs chefs d'accusation liés aux actes de violence commis (viols, meurtres ou kidnappings), elles se contentent d'un seul : l'appartenance à un groupe terroriste. De plus, ni cette loi antiterroriste ni le Code pénal irakien ne contiennent de dispositions relatives aux crimes internationaux. Cela signifie que les tribunaux irakiens ne sont pas compétents pour traiter les crimes de génocide, de guerre ou contre l'humanité commis sur leur territoire. Je l'ai répété maintes fois aux autorités locales et internationales : le peuple irakien, les victimes des groupes armés qui ont commis les pires atrocités et les rescapés du conflit méritent un cadre légal et une réponse judiciaire qui reflètent correctement la nature des crimes perpétrés. Au lieu de cela n'existe qu'une justice largement expéditive.

La grande majorité des procès dure rarement plus de quelques minutes. Les avocats rencontrent leurs clients juste avant la comparution. Parfois, ces derniers ne parlent pas l'arabe, alors que les avocats ne connaissent que cette langue. La loi s'applique à toute activité liée au terrorisme : que vous ayez été employé comme cuisinier au sein d'un groupe armé ou mené un massacre, elle est la même. Le cuisinier et le chef de milice seront souvent traités et condamnés à mort de la même façon. Quant aux victimes, elles ne sont jamais présentes aux procès.

Justice n'est pas rendue. Il n'y a pas d'enquête digne de ce nom en Irak durant ces années d'après-guerre. J'ai parlé avec des victimes en 2019. Elles m'ont expliqué comment elles avaient dû raconter un nombre incalculable de fois à la police ce qui leur était arrivé, ce que les membres de Daesh leur avaient fait subir. Mais leurs témoignages n'étaient pas, ou pas correctement, pris en considération. L'utilisation de la loi antiterroriste permet aux autorités de ne pas faire d'enquêtes véritables ; elles n'ont pas besoin de victimes. Tout ce qui importe, c'est de démontrer l'appartenance à un groupe « terroriste » et pour cela, les éléments de preuve sont tout à fait rudimentaires.

De nombreux membres présumés de Daesh sont emprisonnés, mais bien peu sont interrogés comme ils devraient l'être. Ils seraient peut-être prêts à parler, dans l'idée de ne pas être condamnés à mort, en échange de renseignements. Ils pourraient communiquer des informations sur l'identité de leurs nombreuses victimes, sur les charniers. Mais on ne les questionne pas. Il existe des fosses communes un peu partout en Syrie et en Irak, mais identifier les cadavres prendrait des années : non seulement les moyens nécessaires pour y parvenir n'existent pas, mais, dans ces zones de guerre, on ne trouve pratiquement personne pour collecter l'ADN et les familles, éparpillées à travers plusieurs pays, sont impossibles à contacter. Beaucoup de responsables de ces disparitions sont à l'heure actuelle emprisonnés en Irak et dans le nord de la Syrie. Ils auraient à coup sûr des informations à livrer sur ce qu'ils ont fait et à qui, par exemple dans la ville de Raqqa où des milliers de personnes ont disparu.

On pourrait au moins interroger ces criminels, chercher la vérité, mais si peu est fait dans cette direction.

Protéger les victimes

Pourquoi alors avoir travaillé sur de tels thèmes et situations ? En premier lieu, je tiens à faire reconnaître la valeur absolue et universelle de mes engagements. Trop souvent, les victimes des groupes armés sont instrumentalisées par les États, et négligées par les organisations de défense des droits humains pour qui la priorité demeure les victimes des violations étatiques. J'ai d'ailleurs fait de ce problème le thème de mon deuxième rapport en tant que rapporteuse spéciale. Ces acteurs armés non étatiques ont perpétré d'innombrables violations des droits humains et du droit international humanitaire, des crimes contre l'humanité et même des génocides. Ils exercent en outre une influence significative sur la vie et le bien-être de millions de personnes à travers le monde. Mais le cadre juridique actuel présente de nombreuses lacunes en matière de protection, il est injuste envers les victimes, et inefficace. Le rapport que j'ai écrit en 2018 cherche à y remédier en clarifiant les sources des obligations internationales des groupes armés et en proposant un cadre, spécifique à chacun d'eux, dépendant du contexte, axé sur la nature et l'étendue de leurs capacités et de leur contrôle.

Mais en ce début des années 2010, ce qui me motive tout d'abord, ce sont les victimes d'attentats et d'attaques atroces. Et ce qui me permettra de continuer longtemps ce travail, ce sont les gens exceptionnels que je rencontre alors : les familles désemparées devant leurs enfants qui rejoignent des groupes armés, familles de France, de Belgique, du Maroc, de la Tunisie, d'Asie centrale ; les membres de nouvelles organisations de la société civile qui se mettent en place, travaillant en profondeur avec ces familles, créant des réseaux internationaux autour desquels les mères et pères essayent de se reconstruire tout en tentant de comprendre ; les représentants de mouvements interconfessionnels avec lesquels je travaille beaucoup – rabbins, cheikhs, imams, prêtres –, qui prônent le respect mutuel entre les cultures, les religions et les sectes musulmanes ; d'anciens membres « repentis » d'Al-Qaeda ou de Daesh qui jouent un rôle fondamental auprès des jeunes. Autant de personnes sur la ligne de front des combats les plus difficiles, qui font les frais des politiques superficielles qui divisent là où elles devraient rapprocher.

Sheikh Maytham (un chiite) est d'ailleurs devenu un ami proche. Avec lui et d'autres, nous œuvrons à la formation de coalitions et de plateformes multipartites, au Moyen-Orient et en Afrique du Nord, pour lutter contre l'incitation à la haine et à la violence. Je passe du temps avec des représentants marocains qui revoient les programmes de formation des imams et travaillent avec des jeunes gens arrêtés alors qu'ils cherchaient à rejoindre Daesh. Je suis témoin de discussions fascinantes sur tel ou tel édit ou fatwa, et les meilleurs moyens de les contrecarrer. C'est un travail de fourmi, dans les prêches, les centres communautaires et bien sûr en ligne, que fournissent ces experts et activistes qui se donnent corps et âme pour sauver une jeunesse ayant perdu ses repères, et prévenir des actes d'une violence inouïe. Je suis souvent époustouflée par ces gens-là et j'apprends beaucoup à leur contact, y compris à rejeter les solutions trop faciles et unidimensionnelles.

L'échec des réponses militaires

La lutte contre Daesh, les talibans et d'autres groupes armés ne peut se limiter à l'élimination stratégique des leaders, l'éradication des membres par le biais d'actions militaires qui pourraient elles-mêmes être illégales. Les conflits qui ne s'achèvent que par une victoire militaire sont rarissimes. L'Afghanistan symbolise peut-être plus que tout autre pays les défaites militaires occidentales, accompagnées de projets de société qui n'ont pas su ou pu transformer les institutions de gouvernance, ou ne s'en sont pas donné les moyens, alors que la société civile afghane, les femmes, les médias y ont cru et ont tout donné. Ces femmes ont imaginé et commencé à construire un futur autre que celui imposé par les militaires de la coalition ou les talibans, un futur qui leur a été volé en août 2021, lorsque les talibans se sont emparés de Kaboul à la suite du départ précipité des Américains.

Au Mali, deux ans après le retrait des troupes militaires françaises, quel bilan dresser du travail et de l'impact de l'opération Serval ? Quel était son objectif final ? Avant même l'annonce de désengagement partiel par Emmanuel Macron, je ne voyais pas comment la coalition menée par la France parviendrait à ses fins tant l'intervention militaire au Sahel ressemblait à un bourbier. Aucune solution politique ne s'est amorcée. Au contraire : on constate une crise de confiance, un rejet total de la présence française par les autorités et les populations maliennes et, au-delà, une absence de solution sécuritaire pour s'assurer que les groupes armés apparentés à Daesh n'étendent pas leur influence. Quand, en juillet 2021, la France confirme la fermeture des bases françaises de Kidal, Tessalit et Tombouctou « d'ici le début de l'année 2022 », ses troupes sont remplacées par des compagnies de sécurité privées russes, comme Wagner, qui, avec l'armée malienne, commettent à leur tour des atrocités contre les civils. Elles ne sont pas les seules à martyriser la population : de nombreux groupes sévissent dans la région, tant la situation malienne est complexe.

Des réalités complexes

Comprendre les revendications multiples, et souvent contradictoires, exploitées par des mouvements armés et des États. Comprendre pourquoi les populations locales peuvent se sentir tentées par l'appartenance ou le soutien à ces groupes. Comprendre aussi qu'elles peuvent en être les principales victimes. À mes yeux, on ne peut pas appréhender ces dynamiques au Burkina Faso sans également s'attarder sur l'impact en profondeur du changement climatique, de la désertification, de la destruction d'un espace culturel, de ressources, d'un mode de vie. Rien de tout cela n'a été intégré correctement. Or c'est essentiel.

J'ai pu le constater quand je me suis rendue au Nigeria : beaucoup de gens se battent pour avoir accès aux mêmes ressources qui se raréfient en raison de la désertification. Les terres agricoles se réduisent comme peau de chagrin. Depuis cinq ans, le phénomène s'observe presque à l'œil nu. L'espace urbain se transforme, bouleversant les routes de migration du bétail qui descendent depuis le Niger et traversent plusieurs pays, selon des tracés qui sont très souvent l'objet de lois et de règlements. Quand j'interviewe des éleveurs musulmans dans le centre du pays, lors de ma mission de recherche en tant que rapporteuse spéciale, en 2020, ils me disent souvent : « Nos vaches ne peuvent plus passer sur la route qui leur avait été accordée. » Ces refus suscitent des tensions, alimentent les conflits : les éleveurs croisent des bandits ou mercenaires qui offrent leurs services pour protéger les troupeaux, ou des groupes armés qui leur proposent des armes. Ils débarquent, armés jusqu'aux dents, dans des lieux dominés par des populations paysannes et souvent majoritairement chrétiennes où les choses, inévitablement, vont tôt ou tard dégénérer. Et il ne s'agit pas, loin de là, d'un facteur unique : on peut y ajouter le rôle des forces sécuritaires de l'État nigérian, une histoire faite d'exactions contre les populations civiles, les armes multiples en provenance de la Libye, etc.

Il faut prendre en compte toutes ces dynamiques pour prétendre rechercher des solutions. Mais employer les termes de « djihadiste » ou « islamiste » est un raccourci politique qui masque trop souvent des réalités complexes et empêche de trouver des réponses appropriées.

Les réponses judiciaires

Y a-t-il des réponses judiciaires à apporter ? Bien sûr – des crimes odieux sont commis, des personnes sont tuées, par centaines parfois. Les tribunaux doivent se prononcer, comme ils l'ont fait en France, malheureusement trop souvent. Les victimes et leurs familles en ont besoin, ainsi que l'ensemble de la société. Mais est-il nécessaire de créer de nouveaux outils juridiques pour répondre à ces actes de violence ? Je n'en suis pas persuadée, d'autant plus que la normalisation dans le long terme de ces crimes provoque très rapidement des risques pour l'ensemble de la société.

À l'échelle interétatique, nous misons beaucoup sur la justice internationale et le principe de juridiction universelle. Les tribunaux au Nigeria, en Irak ou en Syrie n'ont jusqu'à présent pas su jouer leur rôle auprès des victimes de groupes armés. Il faut se tourner vers des tribunaux d'autres pays qui peuvent intervenir sur la base de la juridiction universelle. Celle-ci demande que les États qui l'ont adoptée et intégrée dans leur droit criminel se déclarent prêts à intenter des poursuites judiciaires à la suite de crimes atroces commis dans un autre pays, par des individus qui, en règle générale, ne sont pas leurs propres ressortissants. Trois types de crimes sont concernés en premier lieu : les génocides, les crimes contre l'humanité, les crimes de guerre. D'autres peuvent être l'objet de la compétence universelle, selon les décisions de chaque État. La France par exemple a ajouté les disparitions forcées. On parle de crimes d'une telle horreur que ces pays ont déclaré que tout État devait pouvoir s'en saisir et les juger. À l'heure actuelle, la juridiction universelle a été mise en œuvre notamment en Allemagne, en Suède, en Belgique et en France. Dans les deux premiers pays, certains individus sont ainsi poursuivis, le plus souvent des Syriens liés au gouvernement, quelques membres de Daesh ou des Iraniens responsables des crimes contre l'humanité commis en 1988. En France, il faut toutefois que le criminel se trouve sur le territoire national pour être poursuivi ; le crime imputé peut en revanche avoir été commis ailleurs.

Ces quelques procès internationaux sont insuffisants au regard du nombre de victimes, que ce soit en Irak, en Syrie, au Mali ou au Nigeria, et de l'étendue des problèmes. Cet état de fait a été reconnu à maintes reprises par les hauts responsables des Nations unies. En 2009, le secrétaire général, Ban Ki-moon, a déclaré : « Nous devons élaborer de toute urgence une approche globale visant à améliorer le respect de la loi par tous ces groupes [armés non étatiques], englobant des actions allant de l'engagement à l'exécution. » Il n'en est toujours rien. Le seul cadre développé depuis vingt ans est celui de la lutte contre le terrorisme, qui ne permet pas une prise en compte suffisante et appropriée des droits des victimes, y compris le droit de réparation. Une telle situation, qui alimente les réponses militaires, sécuritaires et répressives, n'est ni juste ni efficace.

Chapitre 17

« Je suis en train de mourir »

Une « drôle de douleur »

Fidèle à son habitude, la journée s'achevant, Alexeï Navalny va nager dans une rivière.

Même si nous sommes en août, l'eau est froide. Mais qu'importe, Alexeï est un athlète, un excellent nageur. Nous sommes en Sibérie, en pleine campagne électorale de 2020. En tant qu'opposant politique, Alexeï, avocat de 45 ans, se rend sur le terrain afin d'apporter son soutien aux partis ou aux personnes qui se présentent contre les candidats officiels. Lui et son équipe tournent de nombreuses vidéos sur la corruption dans lesquelles ils filment les somptueuses demeures des apparatchiks proches du pouvoir pour mieux les diffuser ensuite.

Puis il rentre à l'hôtel. Les règles de sécurité autour de lui sont extrêmement précises : qui fait quoi, qui peut avoir accès à quoi… Aucun membre de son équipe ne peut entrer dans sa chambre. Si quelqu'un veut lui parler, c'est toujours dans le couloir. Ce soir-là, il ne dîne pas ; de toute façon, il n'y a pratiquement rien à manger. Il se contente de boire un petit verre d'alcool puis il prépare sa valise. Il pose sur une chaise ses vêtements et choisit le jogging qu'il portera pour le vol de retour vers Moscou avant d'aller se coucher.

Le lendemain matin, il se lève de bonne heure, avant 6 heures – son avion décolle tôt. Il prend une douche, s'habille, descend rejoindre son équipe. Ils prennent le taxi et roulent vers l'aéroport. Alexeï montre des signes d'agacement : le chauffeur n'a pas assez d'essence et doit s'arrêter en route, ce qui le contrarie – tout ce qui sort de l'ordinaire le contrarie. À l'aéroport, ils passent les contrôles de sécurité, vont boire un café ; Alexeï demande un cappuccino. Voyagent avec lui sa responsable de la communication et son assistant ; pas de garde du corps. Puis tous les trois montent à bord de l'avion. Entre-temps, des passagers l'ont reconnu et prennent des photos. Il s'installe, allume son iPad : Alexeï aime regarder des dessins animés dans l'avion. Ça le distrait.

Il est assis côté hublot, sa responsable de la communication au milieu et son assistant côté couloir. L'avion décolle et, très rapidement, environ dix minutes plus tard, Alexeï commence à se sentir mal. Une « drôle de douleur », comme il la décrira ensuite. Quelque chose de très curieux. Il commence à beaucoup transpirer – la transpiration coule dans ses yeux, me dira-t-il quelques mois plus tard. Au bout d'un moment, il demande un verre d'eau, qu'il boit mais qui ne le soulage pas. Il se lève pour se rendre aux toilettes. Son équipe ne s'inquiète pas outre mesure. Or, dans les sanitaires, l'état d'Alexeï empire. Il pense qu'il est en train de mourir. Il dira que cette sensation lui a fait penser aux personnages qui, dans *Harry Potter*, aspirent votre âme, les mangemorts. Il parvient à sortir des toilettes, dit à une des hôtesses : « Je suis en train de mourir », puis s'écroule.

Ses deux compagnons de voyage, qui ne se doutent toujours de rien puisqu'ils sont assis à leurs places, entendent le commandant demander si un médecin se trouve à bord de l'appareil. Soudain inquiets, ils se lèvent et trouvent le plus célèbre opposant de Russie au sol. Une infirmière tente de l'aider, mais se trouve fort démunie. Face à la situation qui semble s'aggraver, le pilote décide d'atterrir en urgence. S'il avait décidé de poursuivre le vol jusqu'à Moscou, Alexeï serait mort. L'avion se pose donc à Omsk, où une équipe médicale est au sol et le prend en charge. Les médecins de l'hôpital pensent immédiatement à un empoisonnement, peut-être aux pesticides.

Très vite, l'hôpital est envahi d'agents du renseignement russe et d'officiels qui n'ont rien à voir avec le personnel médical. Ils sont partout. Les médecins se montrent nerveux, ne supportant pas l'idée qu'on puisse, en cas de malheur, suggérer qu'ils ne se sont pas bien occupés de ce patient très particulier. En clair, ces soignants veulent non seulement tout faire pour sauver ce malade, mais surtout ne pas porter la responsabilité de son éventuel décès. Et dédouaner ainsi les vrais responsables. Ils subissent une double pression : celle de la famille d'Alexeï, qui les implore de lui sauver la vie ; celle des agents du renseignement, qui surveillent le moindre de leurs faits et gestes au sein même de l'hôpital.

L'événement devient en quelques heures une affaire d'État. Très vite, les proches demandent qu'Alexeï soit évacué. L'Allemagne et la France offrent de l'accueillir immédiatement. On opte pour l'Allemagne. Mais les médecins estiment qu'il n'est pas en état de voyager. Les proches paniquent – est-on en train d'empêcher Alexeï d'accéder aux soins sans lesquels il va mourir ? Les médecins, eux, sont catégoriques : un voyage est trop risqué, le pronostic vital est engagé. La famille insiste, saisissant les instances européennes, se tournant vers Vladimir Poutine, qui ne s'y oppose pas. Plus tard, des experts me diront que les soins que les médecins d'Omsk ont prodigués à Alexeï l'ont probablement sauvé, permettant à ses poumons, à son cœur de survivre à l'attaque. Au début de l'après-midi, ils estiment que l'état de santé de leur patient est assez stable pour qu'il puisse partir. Dès le lendemain matin, Alexeï, accompagné de son épouse et de médecins allemands, s'envole donc pour Berlin. Mais sans son dossier médical, que les autorités russes ont refusé de donner.

« Le cas de Navalny vaut la peine de lancer une action »

Me William Bourdon, l'avocat français d'Alexeï, me contacte à la fin de l'été 2020. Il me demande si je peux intervenir dans le cadre de mon activité de rapporteuse spéciale. Bien sûr, les autorités de Moscou ont tout de suite nié qu'il ait pu se produire quoi que ce soit, et aucune enquête n'a été diligentée. Me Bourdon me demande s'il m'est possible de procéder au même type de travail que pour Jamal Khashoggi. Nous sommes encore en situation de pandémie, ce qui complique grandement les recherches. J'ai aussi déjà postulé à Amnesty et je ne veux pas m'engager outre mesure dans ce nouveau dossier, de crainte de ne pas pouvoir m'impliquer totalement si d'aventure l'organisation me choisit. Après réflexion, je me dis que, faute de remettre un rapport à la Commission des droits de l'Homme en juin 2021, je peux au moins entreprendre des recherches sur les responsabilités de l'État russe et envoyer une lettre officielle aux autorités pour rendre compte de mes conclusions et leur demander leurs réactions.

Je discute avec la rapporteuse spéciale sur la liberté d'expression, Irene Khan. Ensemble, nous convenons que le cas de Navalny vaut la peine de lancer une action. Nous sommes en pleine pandémie de Covid-19, et mener une enquête internationale n'est pas du tout chose aisée. Je réussis à obtenir une dérogation spéciale pour pouvoir voyager et me rendre notamment à Berlin afin, dans un premier temps, de rencontrer la femme d'Alexeï, son chef de cabinet et des représentants des autorités allemandes, puis, durant un deuxième séjour, Alexeï lui-même, qui est sorti du coma, et enfin, lors d'un troisième déplacement, d'autres sources allemandes.

Pour rencontrer Ioulia, l'épouse d'Alexeï, je suis accompagnée de Me Bourdon. Nous choisissons l'endroit à la dernière minute. Je ne me fais aucune illusion : même avec toutes les précautions d'usage, j'imagine qu'elle doit être très, très, très surveillée par les services allemands comme russes. L'endroit n'a sans doute pas été placé sur écoute mais, de nos jours, on peut écouter les gens de mille autres façons ; plus besoin de placer un micro dans la pièce.

J'ai été énormément touchée par Ioulia. Émouvante, forte, intelligente. Lors de notre première entrevue, son mari est encore dans le coma. Cependant, elle est confiante. Il émane d'elle une force et beaucoup, beaucoup d'amour pour Alexeï. Je ne les ai jamais vus ensemble, mais elle et lui me donnent l'impression d'un couple fusionnel : bien sûr un peu dans l'ombre, Ioulia se met entièrement au service de cet homme charismatique, courageux et probablement un peu fou, connaissant tous les risques mais les bravant à la moindre occasion. Durant ce premier entretien, je lui explique nos méthodes de travail et comment je compte enquêter sur l'empoisonnement et la tentative de meurtre dont son mari a été la cible. Je ne veux pas affirmer d'emblée la responsabilité de la Russie sans enquêter sérieusement au préalable ni identifier les autres possibilités. Certes, les autorités allemandes, les amis d'Alexeï, certains médias montrent très clairement les Russes du doigt. Mais, à mes yeux, ce n'est pas suffisant.

Les proches du couple veulent connaître mon plan d'action, savoir comment je vais travailler et réfléchir au sujet. Il en est de même des autorités allemandes, qui m'assurent d'emblée qu'elles ne dresseront pas d'obstacles sur ma route. Je les trouve d'ailleurs bien plus coopératives que les autorités françaises que je rencontrerai par la suite.

Nous établissons un plan de travail en vue du rapport que je souhaite écrire, comportant tous les points à aborder et donc les pistes pour l'enquête à proprement parler. Mon collègue russophone Bach, avec qui j'ai déjà travaillé sur l'affaire Khashoggi, se penche sur tout ce qui est paru dans la presse en russe ou a été diffusé sur YouTube, tout ce qu'il peut trouver sur la façon dont le cas a été évoqué en Russie. Il faut recueillir toutes les informations pour reconstituer le récit heure par heure, avant de tout vérifier et vérifier encore. Un travail énorme. Il faut aussi comprendre l'environnement juridique bien particulier – en lien avec l'utilisation des armes chimiques, un sujet que je ne connais absolument pas. Carolyn, la juriste brillante qui m'a déjà accompagnée dans l'enquête sur le meurtre de Jamal, sera aussi de la partie. Pour nous aider dans notre entreprise, des avocats d'un grand cabinet américain s'engagent à réaliser pour nous, gratuitement, une étude de la Convention sur l'interdiction des armes chimiques pour déterminer la jurisprudence en la matière. La machine est lancée.

« M. Navalny a été empoisonné au Novitchok »

Pendant deux mois, nous effectuons un travail de fourmi.

Le 28 septembre, nous nous entretenons pendant plusieurs heures avec Alexeï qui est sorti de l'hôpital, à Berlin. Parallèlement, Irene et moi écrivons aux autorités russes dès début septembre ; nous recevons une réponse dans laquelle elles nient tout empoisonnement. Les médias s'intéressent de près à l'affaire, mais, comme d'habitude, je refuse les demandes d'entretien au début de l'enquête, pour ne pas fausser la donne. De son côté, le rapporteur du Conseil de l'Europe a commencé son enquête, mais avec lui comme avec nous, la Russie joue l'indifférence.

J'appelle l'ancien commissaire britannique qui m'a accompagnée lors de mon enquête sur la mort de Jamal Khashoggi afin qu'il m'apporte son soutien, en particulier dans l'identification des possibles responsables de cette tentative de meurtre. Je m'intéresse à l'identité de la victime, aux circonstances de l'empoisonnement, à la nature du poison utilisé et à ceux qui pouvaient y avoir accès.

L'attaque s'est déroulée en Russie. Mais qui dit Russie ne dit pas forcément autorités fédérales russes. Alexeï a de nombreux ennemis, toutes celles et ceux qui se sont enrichis grâce à la corruption – autorités locales, y compris en Sibérie, apparatchiks, oligarques.

Le poison utilisé pour tenter de le tuer est le Novitchok. Les résultats cliniques obtenus à l'hôpital d'Omsk et à Berlin indiquent rapidement un empoisonnement par une substance du groupe des inhibiteurs de la cholinestérase. Cinq laboratoires (notamment situés en Allemagne, en France et en Suède) agréés par l'Organisation pour l'interdiction des armes chimiques (OIAC) font le même constat : M. Navalny a été empoisonné au Novitchok. Le 2 septembre 2020, le gouvernement allemand annonce que les tests toxicologiques ont fourni une « preuve sans équivoque » qu'Alexeï a été empoisonné par un agent neurotoxique du groupe Novitchok. Ce poison aurait été initialement développé par l'Union soviétique. À ce stade, seule la Russie est connue pour en produire à des fins offensives, et non défensives. Seul l'État russe est réputé avoir développé, apparemment stocké et utilisé le Novitchok. Sa production, bien que prohibée dans le monde, n'y a jamais cessé.

La principale question qui se pose pour nous est la suivante : des acteurs autres que les autorités fédérales russes auraient-ils pu avoir accès à ce poison chimique et l'utiliser contre Alexeï ?

On sait en effet que des doses de Novitchok ont été volées lors de la chute de l'Union soviétique. Il y a eu, par le passé, un cas d'empoisonnement qui n'a pu être attribué à l'État russe : un banquier et sa secrétaire, tous deux tués par du Novitchok déposé sur le combiné d'un téléphone. Peut-on imaginer que d'autres doses, volées il y a trente ans, aient pu être utilisées pour empoisonner Alexeï ? Il s'agit pour moi de l'hypothèse la plus sérieuse après celle impliquant les autorités fédérales. Et je m'applique dès lors à la creuser.

Toutes les pistes, tous les fils comptent. Dans ce cas précis, l'hypothèse d'un empoisonnement par des acteurs non étatiques ou non fédéraux est définitivement écartée vers la fin de l'enquête, lorsque j'obtiens des informations confidentielles sur la formule chimique du poison utilisé contre Alexeï. Différents laboratoires découvrent qu'il a été exposé à un produit toxique présentant des caractéristiques structurelles similaires à celles du Novitchok, mais que le composé trouvé dans ses échantillons de sang et d'urine constitue une version différente, peut-être nouvelle, de celui précédemment identifié et inscrit au Tableau 1 de la Convention sur l'interdiction des armes chimiques.

En d'autres termes, le produit utilisé contre Alexeï provient d'une transformation, d'une « modernisation » du poison originel. Les enquêtes que nous menons auprès des rares experts mondiaux du Novitchock aboutissent toutes à la même conclusion : une telle transformation ne peut être le fait que de personnes extrêmement bien formées, ayant accès aux meilleurs laboratoires. Difficile, si ce n'est impossible, d'envisager de petits laboratoires clandestins. D'autant que l'utilisation du poison réclame une véritable expertise – on peut très facilement se tuer en le manipulant.

Tout porte la signature d'un laboratoire officiel russe. Au regard de ces informations et de la méthode d'empoisonnement envisagée, il nous devient donc vite impossible d'imaginer qu'un autre État que la Russie ou que des acteurs non étatiques russes soient derrière cette tentative de meurtre. D'autres éléments viendront renforcer cette conclusion.

« *Du poison... dans ses sous-vêtements* »

Alors qu'Alexeï s'envole pour l'Allemagne dans un avion-ambulance, ses collègues retournent à l'hôtel. La chambre n'a pas encore été nettoyée. On les voit sur des vidéos en train de mettre des objets dans des sacs afin qu'ils puissent être examinés, notamment une petite bouteille en plastique sur laquelle on va bel et bien retrouver des traces de Novitchok, mais trop faibles pour prouver un empoisonnement.

Son équipe passe en revue toutes les possibilités pour en trouver la source, celle d'où aurait eu lieu le transfert vers la bouteille d'eau. L'opposant russe a bu après s'être habillé. Et s'il avait été empoisonné par ses vêtements ? Par du poison déposé sur la tenue qu'il avait décidé de porter dans l'avion ? S'il y en avait à l'intérieur du jogging qu'Alexeï portait pour voyager, il aurait pu le toucher avant de boire, laissant une trace sur le plastique. Les experts ne pourront pas valider ce scénario, seulement la nature de l'empoisonnement. Mais Alexeï lui-même en est persuadé, il ne peut s'agir d'autre chose, d'autant qu'il a ressenti une brûlure sur la peau à un endroit où elle était en contact avec le vêtement.

Mais cette thèse implique que des gens se sont introduits dans sa chambre pour y déposer le produit. Qui ?

Marie, la jeune femme qui dirige les enquêtes d'Alexeï sur la corruption, que l'on voit dans les vidéos recherchant des éléments de preuve dans la chambre d'hôtel, est accusée par les autorités russes de la tentative d'empoisonnement. Pourquoi pas, après tout ? L'ex-commissaire britannique me dit d'ailleurs : « La première chose qu'on va regarder, c'est le cercle proche, les collègues, les amis… » Tout le monde est suspect, sans exception. J'interroge Alexeï et sa femme à ce sujet. Y a-t-il quelqu'un, proche d'eux, susceptible de commettre cet acte ? Ou qu'on aurait obligé à le perpétrer, sous la menace ? Cette personne aurait-elle pu être formée au maniement de ce poison extrêmement dangereux ? Nous envisageons toutes les possibilités. Conclusion : parmi les proches, nous ne trouvons aucune piste sérieuse.

Sachant qu'Alexeï est placé sous haute surveillance, et suivi en permanence par des membres des services de renseignement, qui d'autre que des personnes proches du pouvoir russe aurait pu avoir accès à sa chambre sans se faire remarquer ? C'est ce que nous mettons en avant dans notre rapport aux autorités russes. Il est tout simplement inconcevable que des personnes autres que celles qui surveillaient ses moindres faits et gestes aient pu s'introduire dans sa chambre d'hôtel avec un poison extrêmement dangereux.

La preuve formelle arrive des mois plus tard, en décembre 2020. Alexeï obtient lui-même la confirmation de ce qui s'est passé. Il contacte un agent des services secrets russes en se faisant passer pour un haut responsable du Conseil de sécurité national chargé d'effectuer une analyse de l'opération d'empoisonnement. L'agent admet que le Service fédéral de sécurité (FSB) a cherché à le tuer et a placé du poison… dans ses sous-vêtements.

Pour l'enquête, Bach, Carolyn et moi étudions aussi de nombreux empoisonnements à l'arme chimique et nous nous rendons compte que celui d'Alexeï a suivi un *modus operandi* classique, répété pendant des décennies. Comme d'autres avant lui, c'est un opposant reconnu, le plus connu même en Russie. Il expose la corruption et les richesses cachées d'individus associés au gouvernement, encourage et conseille les candidats aux élections locales. Alexeï a subi des menaces pendant vingt ans. Il a essuyé deux attaques chimiques, et a failli perdre un œil. La menace à son encontre est constante. Comme dans d'autres cas, sa tentative de meurtre n'entraîne aucune action du gouvernement, qui n'engage ni enquête pénale ni efforts minimes, et qui fait au contraire des déclarations attaquant la crédibilité de la victime.

L'autre question qui se pose est : si les autorités russes ont voulu tuer Alexeï, pourquoi l'avoir laissé partir à l'étranger où la possibilité qu'il survive était plus grande ? On le sait, le régime est capable d'empoisonner un opposant. La méthode est fréquemment utilisée et le message envoyé est extrêmement effrayant. L'impunité est totale, la portée de la signification internationale : si on le souhaite, on peut entrer dans votre chambre, déposer du poison dans vos vêtements et vous tuer. Mais la raison principale du fait que les Russes aient accepté le départ d'Alexeï est, je pense, la pression internationale : les plaidoyers de sa femme et de sa maman, les demandes des présidents français et allemand, une décision de la Cour européenne des droits de l'Homme… Poutine n'a pas pu s'opposer à ces demandes en 2020. Je pense qu'aujourd'hui il les ignorerait avec dédain.

« La Russie est responsable de la tentative d'assassinat arbitraire d'Alexeï Navalny »

Une fois mon enquête terminée, je la remets notamment aux autorités russes, qui rejettent mes conclusions en bloc.

Dans mon rapport final, j'analyse les responsabilités et les obligations en matière juridique et de droit international. Mon enquête démontre que du point de vue juridique la responsabilité de la Russie est engagée de multiples façons. Il existe des preuves accablantes démontrant qu'au moment de l'attaque Alexeï se trouvait sous la surveillance constante des agences de renseignement russes qui suivaient tous ses mouvements – un fait reconnu par le président Poutine lui-même. Cette tentative de meurtre constitue une violation de l'interdiction de la privation arbitraire de la vie et une tentative d'exécution extrajudiciaire par des agents de l'État, l'une des plus graves violations des droits humains. Elle constitue aussi une violation de l'interdiction de la torture ou des traitements cruels, inhumains ou dégradants. L'utilisation du Novitchok visait en effet à infliger des douleurs et des souffrances à la victime, ainsi qu'à inspirer la peur à d'autres personnes, tout en permettant aux autorités de nier les faits. Compte tenu de ses caractéristiques, ce poison est cruel, inhumain et dégradant. Le Novitchok est une arme chimique prohibée. Son utilisation par la Russie, même une seule fois et sur un individu unique, constitue une violation de la Convention sur l'interdiction des armes chimiques.

Mon rapport est l'un des rares qui démontrent la responsabilité de la Russie dans une tentative de meurtre ciblée, sur la base du droit international. « Selon Agnès Callamard, rapporteure spéciale sur les exécutions extrajudiciaires, sommaires ou arbitraires auprès des Nations unies, "la Russie est responsable de la tentative d'assassinat arbitraire d'Alexeï Navalny", écrivent *Les Échos* en mars 2021. Elle a pointé du doigt une "implication très probable de représentants du gouvernement probablement à un niveau élevé". Selon elle, seuls des agents étatiques ont pu avoir accès au Novitchok, un agent innervant militaire, qui a été utilisé contre l'opposant russe. Seuls eux ont également pu disposer du savoir-faire nécessaire pour développer la "formule nouvelle" du produit identifié lors des analyses d'Alexeï Navalny. Ce produit, inventé dans les laboratoires de l'Union soviétique dans les années 1970 et 1980, est pour beaucoup une "signature" du pouvoir russe. »

Je me suis aussi posé la question suivante : pourquoi les Russes continuent-ils de travailler sur cette arme chimique et de l'améliorer ? À quelles fins ? Je n'ai pas la réponse. Ce qui m'inquiète encore davantage.

Les journalistes auraient préféré que je rédige très rapidement mon rapport. En quelques semaines. Mais ce n'était pas possible. Au fond, je suis contente de ne pas avoir été journaliste : je les apprécie beaucoup, mais ce métier ne m'aurait probablement pas convenu ; les pressions continues pour sortir avant les autres l'information clé, le scoop, très peu pour moi… Je suis en admiration devant celles et ceux qui résistent à ces pressions et planchent sur le même dossier pendant des mois ou des années. Le journalisme d'investigation se rapproche beaucoup de la façon dont j'aime travailler.

« Alexeï brûlait de l'intérieur, animé d'une mission à accomplir »

Je n'ai pas tenté de dissuader Alexeï de rentrer en Russie en janvier 2021, retour qui a conduit à son arrestation immédiate et à sa condamnation à une peine de deux ans et demi d'emprisonnement. Un an plus tard, il a été condamné à neuf ans de plus dans une colonie pénitentiaire à sécurité maximale après avoir été reconnu coupable de fraude et d'outrage à grande échelle par un tribunal russe.

Je me revois, discutant de sa décision de retourner en Russie avec son équipe. Les autorités l'avaient prévenu qu'il serait arrêté dès son arrivée. Je crois que ses proches n'étaient pas persuadés qu'elles mettraient leur menace à exécution. Ils travaillaient sur la base de plusieurs hypothèses ; l'emprisonnement n'était que l'une d'entre elles. Pour Alexeï, il me semble qu'il était inconcevable de ne pas rentrer en Russie. Il était russe, c'était un nationaliste, il adorait sa patrie. Il croyait en ce qu'il faisait. Il comprenait les risques, savait les analyser, essayait de négocier, mais rien ne pouvait l'arrêter. Pas même le Novitchok. En fait, il brûlait de l'intérieur, animé d'une mission à accomplir. Cette énergie était palpable quand vous passiez quelques heures avec lui. On pourrait parler de charisme. Mais c'était quelque chose d'autre. Plus intense. Une adoration de la vie et de la Russie. Une énergie et un optimisme débordants.

On l'a dit raciste et peut-être, en effet, l'a-t-il été. Ses propos racistes des années 1980 et dans les années 2007 et 2008 ne laissaient aucun doute, pas plus que son refus de les désavouer. Je me suis beaucoup entretenue à ce sujet avec ses collègues après son arrestation, à la suite de la décision d'Amnesty de lui retirer le statut de prisonnier de conscience – décision qui a précédé ma prise de fonction au sein de l'organisation. Ils insistaient dans nos entrevues sur le fait qu'Alexeï était nationaliste. Qu'il avait eu des points de vue, mais qu'il ne les avait plus maintenant. Qu'il refusait de les désavouer par principe : ces propos étaient dans le domaine public.

Prisonnier d'opinion

À la fin du mois de mars 2021, je quitte mes fonctions de rapporteuse spéciale pour prendre celles de secrétaire générale d'Amnesty à Londres. Je ne suis pas du tout lasse de mon mandat à l'ONU, j'ai encore de nombreux projets. Simplement, Amnesty, avec ses 10 millions de membres, son équipe, son expertise incroyable, offre une force de frappe, une capacité d'impact contre les violations des droits humains avec lesquelles il n'est pas possible de rivaliser.

L'un de mes premiers projets à Amnesty consiste à diriger une enquête interne sur la décision de l'organisation, prise en février 2021, de cesser d'utiliser le terme de « prisonnier d'opinion » pour Navalny, en raison de déclarations discriminatoires qu'il a faites en 2007 et 2008, qui auraient pu constituer un appel à la haine.

Sous ma direction, Amnesty entame un examen de l'utilisation de ce terme et détermine que l'on ne peut exclure une personne de la désignation de « prisonnier d'opinion » uniquement sur la base de sa conduite dans le passé. Au cœur de cette position, l'idée que les opinions et le comportement d'un individu peuvent évoluer avec le temps. Cela fait partie de la mission d'Amnesty d'encourager les personnes à adopter une vision positive des droits humains et de ne pas laisser entendre qu'elles sont à jamais piégées par leur comportement passé. Les leaders comme Alexeï ne sont pas parfaits. Les activistes avec lesquels je travaille ne sont pas tous forcément « bons » dans le sens éthique du terme. Ils ne sont pas exemplaires à tous points de vue. Mais cela n'enlève rien à leur contribution, à ce qu'ils s'efforcent de défendre, au courage dont ils font preuve. Il revient aux autres de ne pas les sanctifier, d'avoir conscience de leurs imperfections qui sont souvent aussi les nôtres, que nous devons toujours chercher à combattre.

Pour Amnesty, cependant, les considérations sont tout autres. Nous avons, des années auparavant, développé notre politique sur les prisonniers d'opinion. Il s'agit bien de la mettre en œuvre sans états d'âme. Et un élément clé de cette politique est que lorsque nous considérons qu'une personne bénéficie de ce statut, cela n'implique en aucune façon l'approbation de ses opinions passées. Certaines des déclarations précédentes d'Alexeï sont répréhensibles. Mais elles n'ont rien à voir avec ses chefs d'inculpation et son arrestation par les autorités russes lors de son retour à Moscou en 2021. Alexeï n'est emprisonné pour aucun crime, mais pour avoir revendiqué le droit à une participation égale à la vie publique pour lui-même et ses partisans, et exigé un gouvernement exempt de corruption. Ce sont des actes de conscience et ils doivent être reconnus comme tels.

La logique de la décision, l'argumentation, est une chose. Convaincre les membres d'Amnesty de la prendre en est une autre. L'organisation a été accusée de faire le jeu du régime de Vladimir Poutine, de succomber aux pressions russes, lorsqu'elle a retiré le statut de prisonnier d'opinion à Alexeï. Imaginez donc revenir vers les 72 sections nationales d'Amnesty pour leur dire qu'il faut reconnaître une erreur et lui redonner ce statut.

C'est cependant moins difficile que je ne l'aurais pensé. Avec mes collègues, nous imaginons des débats contradictoires, mettant en avant les arguments des deux parties, les éléments éthiques et juridiques. Je mène ensuite des négociations individuelles avec une bonne quinzaine de directeurs de structures nationales. Finalement, la décision de réattribuer son statut de prisonnier d'opinion à Alexeï est prise.

Cela nous permet de faire campagne pour lui, sans aucune limitation. L'organisation a reconnu une erreur et l'a corrigée. C'est une approche qu'Amnesty a faite sienne depuis des décennies. Son honnêteté lui cause souvent des problèmes. Elle rend publiques des évaluations que beaucoup d'organisations arrivent à garder confidentielles. Pas une organisation d'activistes ! Malheureusement, sa transparence et son honnêteté ne la servent pas toujours, à une époque caractérisée par la propagande, les mensonges et la désinformation.

« Quelle triste journée »

Certains disent qu'il s'est jeté dans la gueule du loup en rentrant, qu'il allait se faire arrêter. Je me rappelle mes conversations au téléphone avec les proches d'Alexeï, mes doutes quant au bien-fondé de son retour. J'étais très inquiète. Mais je me devais aussi de respecter sa décision et l'analyse des risques que ses collègues avaient faite. Alexeï était viscéralement attaché à son pays et son peuple, et convaincu que son combat demandait qu'il soit en Russie auprès de ses compatriotes, convaincu peut-être aussi que sa destinée ne pouvait se réaliser qu'en Russie.

Je me rappelle avoir suivi son retour et celui de sa femme sur les réseaux sociaux, puis son arrestation, très rapide. Pourtant, nous avons alors assisté aux plus grandes manifestations que la Russie ait connues. Nous avons pu mesurer l'étendue de sa popularité. Ceux qui défilaient dans les rues, malgré la violence de la répression policière, n'étaient pas forcément tous ses partisans, mais ils se sont senti le devoir de défier le régime. Il est à l'origine de cet élan, certes très vite réprimé, mais qui a existé.

Dès ma prise de fonction à Amnesty, j'écris à Vladimir Poutine et au directeur de la prison pour leur signifier que nous considérons les conditions de détention d'Alexeï comme une forme de torture. Que vu son état de santé, il doit être pris en charge par des experts médicaux dignes de confiance. Durant les deux dernières années de sa vie, au sein du centre de détention, il disparaîtra pendant quelques semaines, puis réapparaîtra.

Combien de fois ai-je tourné des films dans ma tête, imaginant une équipe du type *Mission impossible* qui serait allée l'exfiltrer… Mon impuissance, notre impuissance, m'a profondément affectée. Comment le protéger ? Comment le faire libérer ? J'apprendrai plus tard, en 2024, que ses proches négociaient pour qu'il fasse partie d'un échange de prisonniers entre les États-Unis et la Russie – échange qui a finalement eu lieu le 1er août 2024, mais sans Alexeï.

Dans un manuscrit de 54 pages publié par le *New York Times* au mois d'août 2021, il décrit ainsi ses conditions d'emprisonnement : « Imaginez quelque chose comme un camp de travail chinois, où tout le monde marche en rang et où il y a des caméras partout. Le contrôle est constant et il y a une culture de la dénonciation. » Il doit subir la propagande d'État à longueur de journée : « On doit s'asseoir sur une chaise et regarder la télévision. » Il ajoute que « lire, écrire ou faire quoi que ce soit d'autre » est interdit. « Tout est organisé pour que je sois contrôlé au maximum à chaque heure de la journée. » Ces conditions de détention injustes et violentes, souvent absurdes, sont faites pour effrayer les foules et mettre un terme aux envies de rébellion.

Le 16 février 2024, Alexeï meurt dans des conditions obscures, à l'âge de 47 ans, au centre pénitentiaire de Kharp, en Iamalie, une colonie pénitentiaire reculée en Arctique où il purge une peine de dix-neuf ans pour « extrémisme ».

Je suis à Munich, dans un café avec le prince Zeid, ancien commissaire aux droits de l'Homme de l'ONU. Nous participons à la conférence annuelle pour la sécurité. Nous discutons tous les deux, quand je jette un coup d'œil à mon téléphone. Je vois apparaître un message de Bach qui m'écrit : « Quelle triste journée. » Je lis son message en entier et j'éclate en sanglots. Je redoutais cette mort mais je conservais de l'espoir. Il y avait une telle force chez Alexeï qu'il pouvait paraître invincible. Il avait survécu aux emprisonnements, aux attaques brutales, aux menaces, au Novitchok. Je savais bien que l'issue risquait d'être fatale, mais je me raccrochais à l'idée que sa force physique, son aura, son esprit le protégeraient. Qu'ils n'oseraient pas.

Son épouse est elle aussi à Munich, mais je ne peux pas la voir. En revanche, je parle avec son équipe ; je veux partager mon chagrin, leur apporter mes condoléances. Je lis tout ce que je peux, et très vite j'écris sur Twitter, puisqu'il est évident que sa mort relève du meurtre : « *He was killed* », « Il a été tué », en précisant que les conditions de son décès sont évidemment illégales. Que cette mort est liée à sa détention, peut-être à quelque chose de pire puisque nous n'avons pas d'informations précises et que les autorités russes n'ont pas permis d'enquête indépendante – Amnesty l'a demandé, en vain. Il n'y aura pas non plus d'autopsie indépendante. J'ajoute que sa mort illégale démontre que la communauté internationale ne dispose pas d'armes efficaces pour éviter que les journalistes, les dissidents, les opposants soient emprisonnés arbitrairement, torturés, tués.

Cette disparition m'afflige, m'affecte énormément. Je pleure. Je crie de rage. J'admire sa femme, ses enfants, pour avoir voulu continuer le combat tout de suite, malgré leur chagrin. Que faire pour que sa mort ne soit pas vaine ? Les États-Unis ajoutent des sanctions, accueillent son épouse, protestent ; que peuvent-ils faire de plus ? Et les autres ? Ils font le strict minimum, les protestations d'usage.

La mort d'Alexeï, à la suite de conditions de détention inhumaines ou d'un assassinat pur et simple, renforce une conviction intime : nous avons besoin de héros, certes. Mais les martyrs, on devrait pouvoir s'en passer. Tout faire pour éviter que les héros deviennent des martyrs, c'est fondamental. Je suis certaine qu'Alexeï aurait pu faire énormément pour son pays et le peuple russe, de l'étranger, dans l'exil. L'en convaincre aurait été difficile. Mais je regretterai toujours de ne pas avoir essayé.

Chapitre 18

À l'aube d'une nouvelle ère ? Réflexions sur 2025

L'agression russe en Ukraine, une « question de Blancs »

Tandis que j'écris ces mots, la plupart des dissidents et activistes russes sont partis à l'étranger, à la suite de l'agression russe de l'Ukraine en février 2022, des multiples crimes de guerre contre la population ukrainienne et de la répression accrue en Russie. Celles et ceux qui sont restés en Russie sont derrière les barreaux. L'attaque de l'Ukraine en 2022 fait suite à d'autres invasions, dont celle de la Crimée en 2014. Elle constitue un rejet du droit international, une profonde déstabilisation de l'ensemble du système international et de l'Europe en particulier.

Je suis en Afrique quand l'agression commence. Les gouvernements et sociétés civiles sur le continent africain ne se sentent pas concernés par ce conflit ; c'est une « question de Blancs ». Ils ne voient ni la colonisation ni l'agression. Pour tenter de les convaincre, Amnesty publie des tribunes dans des journaux, sud-africains surtout, à propos de la dimension universelle de la guerre. De même, quand le secrétaire d'État américain Antony Blinken m'invite, ainsi que le directeur de Human Rights Watch, à une réunion en ligne sur la situation des droits humains, durant laquelle l'Ukraine constitue l'un des sujets principaux de notre conversation, j'insiste sur la dimension internationale et universelle du conflit, l'importance de créer une coalition qui aille au-delà des acteurs habituels, et je lui demande d'impliquer les États africains et de considérer une visite officielle.

Mes propos ont bien peu d'impact. Les Américains cherchent à créer une coalition très occidentale d'abord, puis fondée sur des considérations principalement économiques et énergétiques. Ils souhaitent le soutien de l'Arabie saoudite, du Venezuela, d'Israël… Faire de la lutte contre l'agression russe un combat universel n'est pas leur priorité.

« Tant de violations en si peu de temps »

La perte de nos références universelles, celles que le monde avait adoptées en 1948 à la suite de la Seconde Guerre mondiale et de la Shoah, s'est accélérée depuis l'agression russe en Ukraine. Quand, le 7 octobre 2023, le Hamas commet des crimes atroces contre la population israélienne – plus de 1 000 civils exécutés – et prend en otage plus de

200 personnes – y compris des enfants –, en réponse, Israël lance une campagne de représailles contre le groupe armé qui se transforme rapidement en une punition collective contre le peuple palestinien.

Pendant quinze mois, le monde assiste au génocide des Palestiniens de Gaza : plus de 44 000 morts, dont 14 000 sont des enfants, 70 % des infrastructures civiles détruites, des exécutions sommaires, le plus grand nombre de travailleurs humanitaires et de journalistes jamais tués, la famine utilisée comme arme de guerre, des incitations à des actes génocidaires émanant des plus hauts niveaux de l'État israélien. Tant de violations en si peu de temps, c'est terrifiant. Nous assistons aussi à la destruction organisée et délibérée des règles et du droit internationaux.

Les enquêtes et conclusions des organismes émanant des Nations unies, des organisations de défense des droits humains et humanitaires, des rapporteurs spéciaux de l'ONU sont toutes rejetées ; les appels au secours sont ridiculisés, les décisions de la Cour internationale de justice à propos des risques de génocide sont bafouées, les mandats d'arrêt de la Cour pénale internationale sont dénoncés, la cour sanctionnée.

« Plus jamais »

En France, les débats sont impossibles. Un commentateur, sorte de journaliste franco-israélien basé en Israël, écrit : « Après la guerre, @AgnesCallamard aura la tête rasée. Nuremberg sera terrible pour les gens comme elle. » Ce commentaire fait suite à une interview que j'ai accordée sur France Info, où j'ai expliqué qu'Amnesty ne qualifiait pas le Hamas ou d'autres groupes armés de « groupe terroriste » parce qu'il n'existe pas de définition de ce terme en droit international et que les gouvernements en abusent constamment. Des journalistes, des opposants politiques peuvent être qualifiés de terroristes. Nelson Mandela l'a été, comme les résistants par les Allemands durant la Seconde Guerre mondiale. Je parle donc de « groupe armé ». C'est très mal accepté. On me traite de supporter du Hamas, d'antisémite. Même les demandes de cessez-le-feu que je fais au nom d'Amnesty sont instrumentalisées, attaquées. La France joue plutôt bien son rôle auprès des Nations unies, adoptant les résolutions réclamant un cessez-le-feu. Mais les exportations d'armes vers Israël continuent.

Je me rends à Washington en décembre 2023, à la suite d'une invitation du secrétaire d'État. Les directeurs de Human Rights Watch, du Committee to Protect Journalists et de Freedom House sont aussi présents. Je suis très directe au cours de cette réunion, expliquant que le soutien sans faille à Israël est incompréhensible, comparé aux prises de position contre les crimes russes en Ukraine, traduisant la sélectivité et les doubles standards des États-Unis. Je parle des engagements de 1948 et de la signification de « Plus jamais », insistant sur le fait que cet ordre moral ne peut se concevoir que de manière universelle et absolue : « Plus jamais. Pour les Juifs. Pour les Palestiniens. Pour les Rohingyas. Pour les Rwandais. Pour les Éthiopiens. Pour les Soudanais. Pour les Ukrainiens. Pour toutes et tous. » C'est la première fois que je mets en avant cet argument. Je le répéterai malheureusement bien souvent ensuite.

La discussion est houleuse. En décembre 2023, le secrétaire d'État ne semble pas vouloir considérer ou comprendre que ces engagements s'appliquent même à Israël. Il n'y a qu'un seul ennemi universel : le terrorisme et le Hamas.

Cette réunion me donne beaucoup à réfléchir. Je n'avais pas pris conscience que l'un des fondements de la politique américaine vis-à-vis du génocide palestinien, de l'utilisation successive et inhumaine du droit de veto contre les cessez-le-feu, repose sur la guerre américaine contre le terrorisme et le 11 Septembre.

Le retour de Donald Trump

Un an plus tard, Donald Trump est élu 47e président de la République. Il revient au pouvoir avec l'appui de l'opinion publique américaine et la majorité dans les deux chambres du Congrès. Il bénéficie du soutien apparemment inconditionnel des acteurs des entreprises américaines, à commencer par les grandes firmes technologiques. Sa vision et ses promesses : remodeler l'architecture sécuritaire et économique mondiale pour servir les intérêts américains, affaiblir les institutions multilatérales et mener une révolution des valeurs fondée sur l'individualisme, le nationalisme, ainsi que sur un rejet clair des droits humains et des idées liées à l'antiracisme, la diversité, l'inclusion. On ne sait pas encore comment la Russie et la Chine adapteront leurs propres tentatives agressives de remodeler le monde en réponse à Donald Trump.

Gaza, Israël, Ukraine : comment croire en l'avenir ?

Nous vivons dans un monde en mutation, sur fond d'inégalités, de contestations et de glissement vers une ère de conflits. Les défis systémiques auxquels nous sommes confrontés n'ont jamais été aussi importants : la crise climatique incontrôlée, avec des températures mondiales atteignant en 2024 1,5 °C au-dessus de la ligne de base ; une révolution industrielle, alimentée par l'intelligence artificielle, largement non réglementée et qui transforme les sociétés ainsi que la signification même de l'être humain ; une économie mondiale en mutation, distribuant des richesses encore inimaginables à une minorité et creusant les inégalités au sein des États et entre eux ; les démocraties sont en crise et les pratiques autoritaires se répandent partout.

L'Ukraine, Gaza et maintenant Donald Trump accélèrent la transformation historique de notre monde et l'arrivée d'une nouvelle ère, caractérisée par l'annihilation du droit international ainsi que la décomposition des institutions et acteurs multilatéraux, et fondée sur des notions de supériorité de classe, de nationalité, de genre et de race – autant de caractéristiques qui rendent particulièrement difficile la recherche de solutions aux défis systémiques et globaux que nous affrontons.

Un tel contexte demande d'en comprendre les risques considérables et les opportunités limitées. Nous devons reconnaître que les méthodes et interventions des dernières décennies seront probablement insuffisantes face à ces tendances. Soyons clairs : elles ne sont pas obsolètes. Les enquêtes minutieuses, la corroboration, le plaidoyer auprès des pouvoirs publics, les campagnes publiques, la construction de réseaux internationaux, les poursuites judiciaires demeurent indispensables, plus que jamais. Mais pour être efficaces, ils nécessitent d'identifier et probablement même de construire de nouveaux leviers qui permettront d'activer les changements requis. Ils demandent que nous soyons à même de rejoindre les millions de personnes à travers le monde prêtes à se battre contre des acteurs beaucoup plus puissants et décidés à utiliser tous les outils violents à leur disposition.

Nous serons mis à l'épreuve. La force de notre réponse dépendra de notre clarté morale, de notre lucidité. Les leaders émergents, autoritaires, prétendront réécrire les conventions sur les droits humains, rejeter les engagements pour la justice. Il nous reviendra de démontrer que nous n'avons pas besoin du libellé d'une convention pour résister à ces violations. Quelles que soient la profondeur de la peur ou la force de l'insidieux poison de l'intimidation, nous serons là – épris de justice, exigeants et déterminés, refusant que notre humanité, absolue et universelle, ne soit étouffée par l'obscurantisme.

Table

NORD COMPO
multimédia

Composition et mise en pages
Nord Compo à Villeneuve-d'Ascq

CET OUVRAGE
A ÉTÉ ACHEVÉ D'IMPRIMER
SUR ROTO-PAGE
PAR L'IMPRIMERIE FLOCH
À MAYENNE EN MARS 2025

N° d'édition : 564726-0. N° d'impression : 106704
Dépôt légal : avril 2025
Imprimé en France